JN440610

소통 중심의

독일어 문법

이해와 활용

소통 중심의

독일어 문법

이해와 활용

소만섭 지음

한국문화사

■ 머리말

어린 아이들의 1차 언어습득과 달리 성인인 대학생들의 2차 언어습득은 해당 외국어의 문법 구조를 이해하지 않고서는 높은 수준의 정확한 외국어 습득을 기대한다는 것은 불가능하다. 사소한 문법적 실수도 의미의 차이로 이어지거나 오해가 발생할 수 있는 독일어의 경우에 특히 그러하다고 할 수 있다.

물론 문법 학습은 대학생들의 외국어 학습에서 보조적 성격을 가져야 하고, 문법 그 자체를 위한 학습이 되어서는 안 된다. 특히 의사소통 중심의 외국어교육에서는 해당 문법적 내용이 소통을 위한 전달 의도에 맞도록 구성되고 다루어지도록 유의해야 한다. 연습문제와 과제 또한 가능하다면 소통 상황과 소통 맥락에서 이루어지도록 노력해야 하고, 아무런 맥락이 없이 그저 '형태 맞추기'나 '빈자리를 채우는 식'의 기계적인 학습은 지양되어야 한다. 자칫하면 문법 학습에 대한 동기 상실을 유발할 수 있기 때문이다. 문법 학습 또한 의미 있는 학습 콘텍스트와 언어 능력의 커뮤니케이션 측면에서 이루어져야 소통 중심의 외국어교육이 될 수 있다. 다른 한편 학습하고자 하는 문법은 정확하게 전달되어야 하고, 학생들은 문법 내용을 쉽게 인지할 수 있어야 한다. 그렇지 않은 경우 문법교육은 득보다 실이 많을 수도 있다.

본서는 이러한 상황을 감안하여 독일어의 문법 체계 및 그 활용에 대한 이해를 돕고, 독일어의 특성이 문법에 어떻게 반영되어 있는지 학습할 수 있도록 도움을 주기 위해 저술되었다. 외국어 습득은 그 언어의 규칙 체계에 대한 정확한 지식이 없이는 불가능하다고 보기 때문이다. 본서의 특성은 다음과 같다.

- 문법 내용은 예문을 통해 설명하되 영어 대조문과 함께 제시하여 이해를 돕도록 하였다. 학생들은 영어를 제1외국어로서 이미 학습하였기 때문에 영어 대조문은 독일어 이해에 많은 도움이 되리라 믿는다.
- 연습문제는 가능하다면 소통 상황과 소통 맥락에 따라 구성하도록 노력하였다.

학습자들은 본서를 통해 복잡한 독일어 문법 지식을 효율적으로 습득할 뿐만 아니라 실제 텍스트 혹은 소통 상황에서 문법지식을 올바르게 활용할 수 있는 능력을 배양할 수 있기를 바라마지 않는다. 본서를 저술하면서 많은 도움을 받았다. 특히 연습문제들을 재구성하면서 아래 문헌들의 도움을 많이 받았다.

Andree, Beatrix: Deutsch Klasse 1,1, Stuttgart 2004.

Reichmann, Monika: Grundstufen-Grammatik für Deutsch als Fremdsprache, Ismaning 2015.

Rusch, Paul/Helen Schmitz: Einfach Grammatik. Übungsgrammtik Deutsch, Berlin/München 2007.

Terrell, Tracy D. /Erwin Tschirner/Brigitte Nikolai: Kontake. A communicative Approach, 7.ed., Boston et. 2012.

본서의 출판을 위해 수고를 아끼지 않은 한국문화사의 김진수 사장님과 이은하 님 등 편집진 여러분들께도 감사함을 표한다.

2017년 5월

소 만 섭

■ 차례

01 명사의 성과 관사

❖ 명사의 성

- 독일어 명사는 모두 남성(maskulin), 중성(neutral), 여성(feminin) 등 세 개의 문법적 성(Genera)으로 분류한다.
- 일반적으로 정관사가 명사의 이러한 문법적 성을 표시한다.
  - der(남성), das(중성), die(여성), die(복수)

구분	단수	복수
남성	der	die
여성	die	die
중성	das	die

❖ 남성인 사람 또는 동물은 일반적으로 남성이고, 여성인 사람 또는 동물은 여성이다.

der Vater	(father)	die Mutter	(mother)
der Mann	(man)	die Frau	(Mrs. woman)
der Sohn	(son)	die Tochter	(daughter)
der Bruder	(brother)	die Schwester	(sister)
der Herr	(Mr. gentleman)	die Dame	(lady)
der Onkel	(uncle)	die Tante	(aunt)
der Lehrer	(teacher)	die Lehrerin	(teacher)
der Kater	(cat)	die Katze	(cat)
der Hahn	(rooster)	die Henne	(chicken)
der Junge	(boy)	예외 das Mädchen	(girl)

❖ 축소접미사인 -chen, -lein 그리고 어미 -ment, -um을 가진 명사는 항상 중성이다.

das Mädchen, das Fräulein, das Büchlein, das Kätzchen, das Schwesterlein, das Instrument, das Gymnasium, das Museum, das Datum

❖ 요일, 달월, 계절, 방향 명칭은 남성이다.

요일 명칭

der Montag	der Dienstag	der Mittwoch	der Donnerstag	
der Freitag	der Samstag	der Sonntag		

달월 명칭

der Januar	der Februar	der März	der April	der Mai
der Juni	der Juli	der August	der September	
der Oktober	der November	der Dezember		

계절 명칭

der Frühling der Sommer der Herbst der Winter

방향 명칭

der Süden der Norden der Westen der Osten

❖ 나무, 과일, 꽃 이름은 대부분 여성이다.

● 나무 및 과일 이름

die Tanne (fir)　　die Linde (linden tree)

die Banane (banana)　　die Pflaume (plum)

예외 der Apfel (apple)

● 꽃 이름

die Orchidee (orchid)　　die Lilie (lily)

❖ 도시 및 국가 이름은 대부분 관사 없이 사용하나, 앞에 형용사 등이 수식할 경우에는 중성 명사로 사용한다.

● München,　Berlin,　Italien 등

➢ das historische München (historical Munich)
das übervölkerte Hongkong (overpopulated Hongkong)
das neutrale Schweden (neutral Sweden)
das moderne Deutschland (modern Germany)

● 여성인 국가 이름

die Schweiz (Switzerland), die Türkei (Turkey), die Slowakei (Slovakia)

● 남성인 국가 이름

der Iran (Iran), der Irak (Iraq)

● 복수로 사용하는 국가 이름

die Niederlande (Netherlands),　die Vereinigten Staaten (United States)

❖ 금속 및 화학 원소는 일반적으로 중성이다.

das Gold, das Helium, das Kupfer (copper)

예외 der Stahl (steel)

❖ 어미가 -ig, -ling, -ist, -ant, -ismus인 명사는 항상 남성이다.

der König, der Honig, der Pfennig, der Frühling, der Lehrling, der Tourist, der Praktikant, der Tourismus

❖ 어미가 -er, -el, -en, -ent, -eur, -ich, -or인 명사는 대부분 남성이다.

der Zucker, der Bäcker, der Teller, der Schlüssel, der Beutel, der Löffel, der Wagen, der Boden, der Patient, der Teppich, der Autor, der Chauffeur

예외 die Butter, das Fenster, die Mutter, das Wetter, die Tochter, das Leder, das Messer, das Kissen, das Zimmer, die Gabel

❖ 어미가 -age, -e, -ei, -enz, -heit, -keit, -schaft, -ie, -ik, -in, -ion, -tät, -ung, -ur인 명사는 여성이다.

die Courage (courage) die Musik (music) die Liebe (love)

die Fabrik (factory) die Partei (party) die Köchin (cook)

die Krankheit (illness) die Nation (nation) die Schönheit (beauty)

die Rarität (rarity) die Freundlichkeit (friendliness)

die Universität (university) die Freundschaft (friendship)

die Wohnung (apartment) die Melodie (melody) die Rechnung (bill)
die Familie (family) die Diktatur (dictatorship)
die Politik (politics) die Literatur (literature)

❖ 어미가 -o, -a, -nis, -tum인 명사는 일반적으로 중성이다.

das Kino, das Komma, das Erlebnis, das Christentum

❖ Ge-접두사를 가진 명사는 대부분 중성이다.

das Geschenk, das Getränk, das Gebirge, das Gesicht

❖ 동사에서 품사전환된 명사는 중성이다.

das Hören (hearing), das Sehen (seeing)

❖ 성이 다른 동음이의어

der Golf (gulf) / das Golf (golf)
der Junge (boy) / das Junge (young animal)
der Leiter (leader, manager) / die Leiter (ladder)
die Mark (DM) / das Mark (marrow)
der See (lake) / die See (sea)
der Tor (fool) / das Tor (gate)

❖ 정관사와 부정관사

정관사의 변화

	단수			복수
	남성	여성	중성	
1격	der	die	das	die
2격	des	der	des	der
3격	dem	der	dem	den
4격	den	die	das	die

부정관사의 변화

	단수		
	남성	여성	중성
1격	ein	eine	ein
2격	eines	einer	eines
3격	einem	einer	einem
4격	einen	eine	ein

정관사는 이미 낱말이 소개되어 다시 지칭될 때 사용한다.

부정관사는 아직 소개되지 않은 낱말, 불확실한 것, 또는 '하나'를 뜻할 때 사용한다.

Anna bäckt **einen** Kuchen. **Der** Kuchen ist süß.

Das ist **ein** Buch. **Das** Buch ist neu.

kein/keine는 부정관사인 ein/eine의 부정이며 ein과 동일한 어미를 갖고, 복수형은 keine이다.

In meinem Zimmer sind keine Fenster.
There aren't any / are no windows in my room.

Peter hat keinen Computer.
Peter doesn't have a computer.

불확실한 양의 물질명사 (예 Milch, Bier, Wein, Gemüse, Obst)와 국적/소속 종파를 뜻하는 낱말에는 관사 없이 사용하는 것이 일반적이다.

Wir brauchen Milch.

Fatma ist Türkin. Sie ist Muslima.

다만 이들을 부정할 때에는 kein/e를 사용한다.

Wir brauchen **keine** Milch.

Boris ist **kein** Türke. Er ist **kein** Muslim.

❖ 정관사의 특수한 용법

일반명사 혹은 추상명사와 함께 사용된다.

Die Katze ist ein Haustier.	A cat is a domestic animal.
Die Liebe ist eine Himmelsmacht.	Love is a heavenly power.
Das Leben ist kurz.	Life is short.

거리, 호수, 산 등의 이름에 사용된다.

Die Brennerstrasse ist im Süden.
Brenner Street is in the south.

Der Bodensee ist tief.
Lake Constance is deep.

Der Tafelberg ist in Südafrika.
Table Mountain is in South Africa.

- 국가 이름은 대부분 관사 없이 사용하나, 앞에 형용사 등이 수식할 경우에는 중성 명사로 사용한다.

Deutschland produziert viel.
Germany produces much.

Das moderne Deutschland ist progressiv.
Modern Germany is progressive.

- 남성, 여성 또는 복수로 사용되는 국가 이름

Die Schweiz ist neutral. Switzerland is neutral.

Der Iran ist im Osten. Iran is in the east.

Die Vereinigten Staaten sind gross. The United States is large.

- 정관사 4격은 무게, 도량 단위, 시간 표현과 함께 사용된다. 영어에서는 부정관사가 'per'의 의미로 사용된다.

Das kostet 2 ₵ das Pfund. That costs 2 ₵ a pound.

Es kostet 50 Pfennig das Meter. It costs 50 Pfennig a meter.

Er kommt einmal die Woche. He comes once a week.

Wir bezahlen zweimal den Monat. We pay twice a month.

- 신체의 일부나 의류품과 함께 사용된다. 영어에서는 일반적으로 소유대명사로 표현한다.

Er zieht sich den Mantel an. He is putting on his coat.

Ich wasche mir das Gesicht. I am washing my face.

❖ 정관사와 부정관사의 생략

술어명사 앞에서 생략될 수 있다.

Sie ist Russin. She is a Russian.

Er wird Zahnarzt. He will become a dentist.

다만 술어명사가 형용사 등에 의해 수식을 받는다면 관사가 필요하다.

Er ist ein bekannter Pianist. He is a well-known pianist.

Er ist der beste Lehrer. He is the best teacher.

아래와 같은 특정 구에서 생략될 수 있다.

Sie hat Fieber. She has a fever.

Wir haben Kopfweh. We have a headache.

Hast du Zahnweh/Halsweh? Do you have a toothache/a sore throat?

영어의 'as a(n)' 의미로서 als 다음에 생략될 수 있다.

Er arbeitet dort als Ingenieur. He works there as an engineer.

Sie ist als Studentin in Bonn. She is in Bonn as a student.

1/ <보기>처럼 밑줄 친 곳에 (정/부정)관사 및 색깔 이름을 적으세요.

보기

Frau Elke : Das ist eine Lampe. Welche Farbe hat die Lampe?
Student(in) : Sie ist gelb.

1. Und das ist ____ Stift. Welche Farbe hat ____ Stift?
   Er ist _____.
2. Und das ist ____ Uhr. Welche Farbe hat ____ Uhr?
   Sie ist ______.
3. Und das ist ____ Stuhl. Welche Farbe hat ____ Stuhl?
   Er ist _____.
4. Und das ist ____ Buch. Welche Farbe hat ____ Buch?
   Es ist _____.
5. Und das ist ____ Tafel. Welche Farbe hat ____ Tafel?
   Sie ist _____.
6. Und das ist ____ Brille. Welche Farbe hat ____ Brille?
   Sie ist _____.

2/ 그림을 보고 <보기>처럼 문장을 만드세요.

보기

Ist das ein Heft? → Nein, das ist ein Bleistift.

1. Ist das eine Tür?

2. Ist das eine Uhr?

3. Ist das eine Lampe?

4. Ist das ein Tisch?

5. Ist das ein Stuhl?

6. Ist das eine Studentin?

7. Ist das ein Heft?

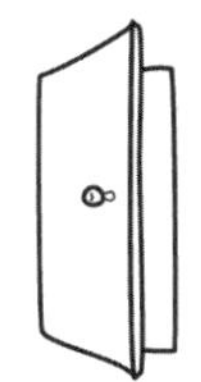

8. Ist das eine Tafel?

9. Ist das ein Fenster?

3/ 밑줄 친 곳에 알맞은 관사는? (관사가 필요 없는 경우는 그대로 두시오)

보기

ein • das • die • ein • das • eine

- ● Entschuldigung, ich suche ein(1) Restaurant. Können Sie mir helfen?
- ○ Ja, natürlich. In der Hauptstraße ist ___(2) gutes Restaurant.
- ● Ah, danke. Wie heißt ____(3) Restaurant?
- ○ Es heißt „Zum Schloss“.
- ● Entschuldigung! Wo kann ich hier ___(4) Fahrkarten kaufen?
- ○ Sehen sie ____Schild(5) „Infozentrum“? Dort bekommen Sie alles.
- ● Vielen Dank. Ich habe noch ___ Frage(6): Gibt es hier ____(7) Toiletten?
- ○ ____(8) Toiletten sind im Keller.

4/ 휴가 중인 Anna가 Ben에게 보낸 이메일 텍스트의 밑줄 친 곳에 알맞은 관사 형태를 적으시오. 관사가 필요 없는 경우는 그대로 두시오.

Hallo ---(1) Ben,

ich bin hier in _____(2) Österreich in St. Johann. Wir haben ___(3) sehr schönes, kleines Appartement gemietet. Die Zimmer haben ___(4) schöne Aussicht. Jeden Morgen sehe ich ___(5) Kirche von St. Johann, ___(6) Berg mit dem Skilift und ___(7) Sonne. Wir gehen jeden Tag Ski fahren. Und das macht __(8) Hunger! Gestern habe ich am Abend ____(9) Suppe, ____(10) großes Schnitzel, ____(11) Salat und ____(12) Nachspeise gegessen.

Bis bald
Anna

5/ 아래 수수께끼 문장의 밑줄 친 곳에 알맞은 관사는?

1. Es ist ein Tier mit vier Beinen. Es lebt auf dem Bauernhof und gibt ____ Milch.
2. Es ist ___ Pflanze. Man kann ___ Teil davon essen. ____ Teil, den man essen kann, wächst unter ___ Erde.
3. Es ist ______Gebäude. Am Abend kommen viele Menschen zu ____ Gebäude. Sie gehen an ________ Kasse und kaufen ____ Eintrittskarten, dann sehen sie _____ Film an.

6/ 밑줄 친 곳에 알맞은 부정 관사(Negationsartikel)는?

1. Kommst du mit ins Kino? - Nein, ich habe keine Lust.
2. Kommst du am Wochenende mit zum Wandern? - Nein, tut mir leid,

ich habe _____ Zeit.

3. Wir gehen ins Restaurant. Kommst du mit? - Nein, ich kann leider nicht, ich habe _____ Geld.
4. Wann kommst du heute nach Hause? - Ich habe _____ Ahnung.
5. Haben Sie noch Fragen? - Nein, ich habe _____ Fragen mehr.
6. Möchten Sie etwas essen? - Nein, danke. Ich habe _____ Hunger.

7/ 보기의 접미사를 가진 명사들을 표시하시오.

보기

chen • -er • -er • -er • -er • -heit • -in • -keit • -lein • -ler • -schaft • -schaft • -ung • -in

Ach Kindchen, das kannst du doch nicht machen. • Moritz wollte schon als Kind Programmierer werden. • Philipp war ein großer Sportler, aber seit seinem Unfall kann er keinen Sport mehr machen. • Sofie ist eine ausgezeichnete Köchin. • Das ist ein Foto unserer Mannschaft mit dem neuen Trainer. • Diese schöne Zeichnung hat Anna gemacht. • Ein kleines Häuslein mit Garten, das war der Traum von Leon. • Julian fährt nur langsam mit dem Auto, Sicherheit ist ihm wichtig. • Ich wünsche mir, dass unsere Freundschaft noch lange hält. • In unserer Familie gibt es keine Musiker, aber alle hören gern Musik. • Linas Vater war Polizist, und Lina wollte schon als Kind Polizistin werden. • Tom will sein Auto verkaufen. Er sucht einen Käufer • Die Oma freut sich über jede Kleinigkeit, die sie von den Enkeln bekommt. • Wir wünschen Ihnen im neuen Jahr Gesundheit und alles Gute!

8/ 밑줄 친 곳에 알맞은 명사는?

1. Wer Bilder malt, ist ein Maler.
2. Wer fährt, ist ein ______.
3. Wer etwas erzählt, ist ein ______.
4. Wer Brot backt, ist ein ______.
5. Wer tanzt, ist eine ______.
6. Wer lehrt, ist eine ______.
7. Wer zuschaut, ist eine ______.
8. Wer wählen geht, ist eine ______.

9/ 축소접미사인 „-chen“ 과 „-lein“을 사용하여 조어하시오.

1. das kleine Haus - das Häuschen
2. der kleine Hund - ____________
3. das kleine Glas - ____________
4. der kleine Bach - ____________
5. das kleine Buch - ____________
6. das kleine Tier - ____________

10/ 밑줄 친 곳에 품사전환된 명사로 조어하시오.

1. Felix kocht sehr gern. Aber er hat nicht oft Zeit zum Kochen.
2. Henri joggt jedenTag. Er entspannt sich gut bei__ ________.
3. Emilia liest gern. Sie geht Bücher kaufen, denn sie hat nichts mehr zu__ ________.
4. Max arbeitet als Fahrer. Er braucht seinen Führerschein zu__ ________.

5. Alexander kann nicht gut schwimmen. Deshalb hat er bei__ ________.

11/ 밑줄 친 곳에 알맞은 관사는?

1. Der Abend war sehr schön, die Stimmung gut.
2. Ich war enttäuscht, ein__ Freundschaft war zu Ende.
3. Wer hat dieses Bild gemalt? Wie heißt d___ Künstler.
4. D___ Schauspielerin Emma lebt in Paris.
5. Ich komme gern zum Fest, wenn ich d___ Möglichkeit habe.
6. „Keine Angst", sagte d___ Ärztin, d___ Untersuchung tut nicht weh.
7. „Tut mir leid, das war ein_ Dummheit von mir. Ich bitte um Entschuldigung."
8. Hast du schon d__ Neuigkeit gehört? Sarah hat einen Job gefunden.

12/ 밑줄 친 곳에 알맞은 정관사를 넣으세요.

1. ____ Kaninchen ist weiss.
2. ____ Büchlein liegt hier.
3. ____ Lehrerin ist intelligent.
4. ____ Kind weint.
5. ____ Sommer ist eine warme Jahreszeit.
6. ____ Süden Deutschlands ist malerisch.
7. ____ Orchidee ist teuer.
8. ____ Pflaume ist sauer.
9. Wir besuchen ____Türkei.
10. ____ Vereinigten Staaten sind gross.
11. ____ historische Wien ist malerisch.

12. ____ Schweiz ist neutral.

13. ____ Gold ist teuer.

14. ____ Bäckerei ist geschlossen.

15. Wir besuchen ____Gymnasium.

16. ____ Niederlande sind im Norden.

17. Ich sehe Peter einmal ____ Woche.

18. Das kostet 3 ₡ ____ Meter.

19. Ich ziehe mir ____ Mantel an.

20. Wäscht du dir ____ Gesicht?

13/ 밑줄 친 곳에 알맞은 낱말은 („einer", „keiner" 혹은 „was für einer")?

1. Ich nehme mir ein Bonbon. Magst du auch eins? – Nein, danke. Ich mag ______.
2. Bringst du mir bitte einen Kuchen mit? – Ja, gerne, ____ magst du?
3. Kann mir bitte mal _____ helfen?
4. Haben Sie vielleicht ein Taschentuch für mich? – Tut mir leid, ich habe ____.
5. Sie interessieren sich also für ein neues Auto. ____ möchten Sie denn haben?

14/ 아래 영어 문장을 독일어 문장으로 옮기시오.

1. I have a fever.
2. He is a teacher.
3. She is a good teacher.
4. Does he have a toothache?

5. He is in Berlin as a student.

6. He is a professor.

7. She will become a pianist.

8. We have a sore throat.

02 명사의 복수형

◉ 독일어의 명사는 9개의 복수 유형이 있다.

❖ ø–복수형

- -er, -chen, -lein 어미를 가진 명사

  예 die Lehrer, die Heftchen, die Tischlein

- 독일어 명사의 약 11% 정도가 ø-복수형이다.

❖ ø+Umlaut–복수형

- 친족관계 명사와 남성명사 대부분은 ø+Umlaut-복수형이다.

  예 die Brüder, die Väter, die Schwäger, die Mütter, die Töchter, die Äpfel, die Gärten, die Häfen, die Läden, die Mäntel, die Vögel

❖ e–복수형

- -ling, -nis, -em, -om, -ment, -zeug 어미를 가진 명사는 항상 -e 복수형이다.

  예 die Lieblinge, die Kenntnisse, die Probleme, die Diplome, die Instrumente, die Flugzeuge

- 남성 명사와 중성명사가 자음으로 끝날 때 흔히 -e 복수형이다.

  예 die Tische, die Hunde, die Steine, die Bereiche.

- 독일어 명사의 약 23%는 e-복수형이다. e-복수형을 가진 여성명사는 없다.

❖ e+Umlaut-복수형

- 단모음을 가진 명사(주로 남성명사)가 자음으로 끝날 때 흔히 -e+Umlaut-복수형이다.

  예 남성 die Ärzte, die Äste, die Flüsse, die Füße, die Stühle
  여성 die Hände, die Nächte, die Städte, die Wände

- 독일어 명사의 약 6% 정도가 e+Umlaut-복수형이다. 위의 몇 개 여성명사를 제외하고 대부분은 남성명사이다.

❖ er-복수형

- 대부분의 중성명사는 er-복수형이다.

  예 die Bilder, die Kinder, die Kleider, die Lichter, die Lieder

- er-복수형을 가진 명사는 1%도 채 되지 않지만, 사용 빈도는 높은 낱말들이다.

- er+Umlaut-복수형과 er-복수형은 여성명사에는 없다.

❖ er+Umlaut-복수형

- 어미가 -tum인 명사는 항상 er+Umlaut-복수형이다.
  예 die Heiligtümer, die Reichtümer

- 자음으로 끝나는 중성명사의 경우 대부분 er+Umlaut-복수형이다.
  예 die Bücher, die Dächer, die Dörfer, die Räder, die Wörter

- 독일어 명사의 약 1% 정도만 er+Umlaut-복수형이다. 하지만 사용 빈도는 매우 높은 낱말들이다.

❖ en-복수형

- -ung, -heit, -keit, -ent, -ist, -ei, -ion, -schaft, -thek 어미를 가진 명사는 항상 en-복수형이다.

  예 die Wohnungen, die Einzelheiten, die Schwierigkeiten, die Studenten, die Jounalisten, die Metzgereien, die Informationen, die Landschaften, die Bibliotheken.

- -e로 끝나지 않는 여성명사는 대부분 en-복수형이다.

  예 die Frauen, die Antworten, die Gefahren.

- 독일어의 약 7% 정도가 en-복수형이다.

❖ n-복수형

- -e로 끝나는 여성명사는 n-복수형이다.

  예 die Blumen, die Hosen, die Puppen.

- 독일어 명사의 35% 정도가 n-복수형이다.

- -e로 끝나는 거의 모든 낱말은 여성명사이고, n-복수형이다.

- -e로 끝나지 않더라도 여성명사는 n-복수형인 경우가 많다

  예 die Nummer → die Nummern.

- 남성명사와 중성명사가 n-복수형인 경우는 거의 없다.

❖ s-복수형

- 어미가 -a, -i, -o, -u인 명사 및 외래어는 대부분 s-복수형이다.

  예 die Autos, die Kinos, die Velos, die Kommas, die Kuverts, die Hotels.

- 독일어 명사의 약 17%가 정도가 s-복수형이다.

❖ 복수형이 특수한 예

der Bus	die Busse
die Firma	die Firmen
das Drama	die Dramen
das Gymnasium	die Gymnasien
das Museum	die Museen
das Zentrum	die Zentren
die Bank	die Bänke (bench)/ die Banken (bank)

- 항상 복수형으로만 사용되는 낱말:
  die Eltern, die Ferien, die Geschwister, die Leute

1/ 밑줄 친 곳에 알맞은 명사의 단수형 또는 복수형을 넣으시오.

Boris hat ...	Clara hat ...
eine Hose	zwei ____
eine ____	zwei Lampen
eine ____	zwei Freundinnen
eine Uhr	zwei ____
ein Heft	zwei ____
ein Auto	zwei ____
ein Kleid	zwei ____
einen ____	zwei Stühle
einen Tisch	zwei ____
einen ____	zwei Röcke

2/ 사람은 아래 신체 부위를 몇 개씩 갖고 있습니까?

Arm / Fuß / Nase / Auge / Haar / Ohr / Bein / Hand / Schulter / Finger

Der Mensch hat zwei ________, ...

3/ 여러분의 방에는 아래 물건들이 몇 개씩 있습니까?

(ein(e), zwei, viele,..., nicht viele): das Buch / der Stuhl / die Uhr / das Fenster / der Tisch / die Wand / die Lampe / die Tür

In meinem Zimmer ist/sind ____ Buch/Bücher, ...

4/ 밑줄 친 곳에 알맞은 명사는?

1. Siehst du die ________? (Hund - Maus - Pferd)
2. Hast du die ________? (Buch - Fahrrad - Schlüssel)
3. Gib mir bitte den ______? (Stifte - Kugelschreiber - Heft)
4. Kommst du mit der _______? (Flugzeug - U-bahn - Auto)
5. Leg das Buch bitte in die _____? (Tasche - Tisch - Regal)

5/ 다음 문장의 명사를 복수로 바꾸어 문장을 새로 고쳐 쓰세요.

1. Wir haben kein Auto.
2. Wo ist sein Bruder?
3. Wer hat jenes Bild genommen?
4. Welches Lied soll ich singen?
5. Wer hilft dem Baby?
6. Das gefällt dem Mädchen.
7. Meine Freundin kommt.
8. Wo ist unser Hotel?
9. Wo ist das Museum?
10. Das Buch des Studenten liegt hier.

6/ 다음 낱말의 성과 복수형은?

1. d__ Mann - ________
2. d__ Adresse - ________
3. d__ Hotel - ________
4. d__ Haus - ________

5. d__ Frau - ________

6. d__ Tisch - ________

7. d__ Student - ________

8. d__ Lehrerin - ________

7/ 다음 낱말의 복수형은?

1. der Abfall ________

2. der Teller ________

3. der Fuß ________

4. das Kino ________

5. der Koffer ________

6. das Auge ________

7. das Ohr ________

8. das Kind ________

8/ 아래 낱말들의 성에 따른 정관사를 적고 성이 다른 낱말을 고르시오.

1. ___ Monat - ___ Mann - ___ Meer - ___ Mantel

2. ___ Schule - ___ Schlüssel - ___ Sprache - ___ Stunde

3. ___ Kino - ___ Käse - ___ Kind - ___ Kilogramm

4. ___ Name - ___ Nase - ___ Nummer - ___ Natur

5. ___ Salat - ___ Schrank - ___ Schlüssel - ___ Sonne

9/ 아래 낱말들의 성과 복수형은?

1. ___ Freiheit ___
2. ___ Mäuschen ___
3. ___ Bäckerei ___
4. ___ Station ___
5. ___ Reinigung ___
6. ___ Kleinigkeit ___
7. ___ Büchlein ___
8. ___ Kollegin ___
9. ___ Liebling ___
10. ___ Zeitung ___
11. ___ Herrschaft ___
12. ___ Journalismus ___

03 대명사

◉ 대명사는 명사를 대신한다. 예컨대 대화에서 명사가 한 번 언급된 적이 있다면 그 다음 대화에서 그 명사를 반복할 필요가 없고 경제적인 이유로 대명사를 사용하게 된다.

▶ Wo sind denn die Autoschlüssel?

◁ **Sie** liegen auf der Garderobe.

▶ Sind das Peters Stifte?

◁ Ja, das sind **seine.**

▶ Wo ist denn der Briefumschlag?

◁ Ich habe **ihn** dringend gebraucht, entschuldige.

◉ 다음과 같은 종류의 대명사가 있다: 인칭대명사, 지시대명사, 부정대명사, 소유대명사, 상호재귀대명사, 관계대명사.

❖ 인칭대명사

구분	단수	복수
1인칭	ich	wir
2인칭	du/Sie	ihr/Sie
3인칭	er, sie, es	sie

인칭대명사의 격변화

	단수					복수			
1격	ich	du	er	sie	es	wir	ihr	sie	Sie
3격	mir	dir	ihm	ihr	ihm	uns	euch	ihnen	Ihnen
4격	mich	dich	ihn	sie	es	uns	euch	sie	Sie
2격	meiner	deiner	seiner	ihrer	seiner	unser	eurer	ihrer	Ihrer

2격은 거의 사용되지 않고 몇몇 관용구에서만 사용된다.

1격

Karin, kannst **du** mir helfen? — Karin, can you help me?

Kinder, habt **ihr** Zeit? — Children, do you have time?

Fräulein Stifter, kommen **Sie** auch? — Miss Stifter, are you also coming?

Wo ist der Wagen? — Where is the car?

Er ist in der Garage. — It is in the garage.

Wo ist der Junge? — Where is the boy?

Er ist im Haus. — He is in the house.

Dort ist die Kirche. — There is the church.

Sie ist sehr alt. — It is very old.

Wann kommt Mutter? — When is mother coming?

Sie kommt bald. — She is coming soon.

Wer ist das Mädchen?

Es ist Roberts Schwester. (das Mädchen은 es로 대치된다)

Welches Fräulein hat dir geholfen?

Dort steht **sie**. (das Fräulein은 sie로 대치된다)

4격

Er hat **mich** besucht.	He visited me.
Wir gehen ohne **ihn**.	We are going without him.
Liebst du **sie**?	Do you love her?
Kennst du nicht Herrn Krull?	
Doch, ich kenne **ihn**.	
Hast du die Tasche?	
Ja, ich habe **sie**.	

3격

Kaufst du **ihr** etwas?	Are you buying her something?
Warum ist er neben **dir**?	Why is he beside you?

3격 또는 4격 목적어 가운데 하나가 대명사인 경우 격에 상관없이 대명사인 목적어가 보통명사 목적어 앞에 위치한다.

Er hat **mir** das Problem erklärt.

Er hat **sie** seinem Vater vorgestellt.

3격, 4격 목적어가 모두 대명사인 경우에는 4격 대명사가 3격 대명사 앞에 위치한다.

Hat er **es dir** geschrieben?

Ich habe **ihn ihm** geschenkt.

Ich habe **sie ihr** gegeben.

- 주어가 명사이고 문장/절의 첫 자리에 오지 않으면 대명사인 목적어는 주어 앞에 위치할 수도 있고 뒤에 위치할 수도 있다.

Kennt **ihn** Peter? / Kennt Peter **ihn**?

Does Peter know him?

Kauft **dir** Ute etwas? / Kauft Ute **dir** etwas?

Is Ute buying you something?

- 주어가 대명사이면 대명사인 목적어는 항상 주어 다음에 위치한다.

Kennt **er ihn**?

Kauft **sie dir** etwas?

❖ 지시대명사: dies-, jen-, solch- 등

- 지시대명사의 격변화는 정관사의 변화를 따른다.

	남성	중성	여성	복수
1격	dieser	dieses	diese	diese
2격	dieses	dieses	dieser	dieser
3격	diesem	diesem	dieser	diesen
4격	diesen	dieses	diese	diese

▶ Welche Jacke meinen Sie denn?

◁ **Diese** da, die gefällt mir besonders gut.

▶ Welche Programme können Sie mir denn empfehlen?

◁ Also, mit **diesen** hier habe ich selbst nur gute Erfahrungen gemacht.

❖ 소유대명사

ich - mein, du - dein, er - sein, sie - ihr, es - sein,

wir - unser, ihr - euer, sie - ihr, Sie - Ihr

소유대명사의 격변화는 부정관사의 변화를 따른다.

	남성	중성	여성	복수
1격	mein	mein	meine	meine
2격	meines	meines	meiner	meiner
3격	meinem	meinem	meiner	meinen
4격	meinen	mein	meine	meine

▶ Woher kommen **deine** Eltern, Peter?

◁ **Meine** Eltern kommen aus Korea.

▶ Dort hängt immer noch ein roter Mantel. Wem gehört der?

◁ Das ist **mein** Mantel.

▶ Mit welchem Auto bist du gekommen?

◁ Ich bin mit **meinem** eigenen Auto hier.

▶ Hast du **deinen** Bruder auch besucht?

◁ Nein, nicht **meinen** Bruder, sondern **meine** Schwester in Seoul.

❖ 의문대명사: wer/wem/wen, was, warum, wann, woher, wie,

사람에 대한 질문은 wer(1격)/wem(3격)/wen(4격)을 사용한다.

Wer arbeitet heute Abend um acht?

Who's working tonight at eight?

Wen triffst du heute Abend?

Whom are you meeting tonight?

Wem leihst du das Buch?

To whom are you lending the book?

사물에 대한 질문은 was를 사용한다.

▶ **Was** hat dir am besten geschmeckt? (1격)

◁ Die Suppe.

▶ **Was** habt ihr am Abend gemacht? (4격)

◁ Wir sind in die Disco gegangen.

이유, 원인에 대한 질문은 warum을 사용한다.

▶ **Warum** kommst du so spät?

◁ Weil ich verschlafen habe.

시간에 대한 질문은 wann을 사용한다.

▶ **Wann** bist du aufgewacht?

◁ Um 10 Uhr.

방식에 대한 질문은 wie를 사용한다.

▶ **Wie** geht es Ihnen?

◁ Danke, gut.

❖ 부정대명사: jeder, jemand, niemand, man, alles, etwas, nichts

부정대명사는 지정되지 않은 사람이나 사물을 가리키며 복수형은 없다.

- jeder — everyone

Ich habe **jeden** gefragt.	I asked everyone.
Er bekommt von **jedem** etwas.	He gets something from everyone.
Jeder muss mitmachen.	Everyone has to participate.

- jemand — someone

Er hat **jemand** gehört.	He heard someone.
Sie wohnt bei **jemand**.	She is living with someone.

- niemand — no one

Ich kenne **niemand** hier.	I know no one here.
Er geht zu **niemand**.	He is going to no one.

- man — one, they, people.

Man kann nicht alles haben.	One can't have everything.
Er hilft **einem** gern.	He likes to help one (people).

- alles — everything

Ich habe **alles** gegessen.	I ate everything.

- etwas — something

Ja, er hat **etwas** gesagt.	Yes, he said something.

- nichts — nothing

Sie hat uns **nichts** gebracht.	She brought us nothing.

- man은 일반적으로 불특정 집단의 사람을 가리키며, jemand는 누군가 한 사람만 관계한다.

- jeder의 격변화는 정관사 변화를 따른다.

- jemand와 niemand는 격변화가 필요 없다.

- man은 1격에서만 사용되고, 4격에서는 einen, 3격에서는 einem을 사용한다.

1/ 밑줄 친 곳에 er, es, sie 혹은 sie(복수) 등 알맞은 인칭대명사를 넣으세요.

1. Hier ist die Jacke. _____ ist neu.
2. Und hier ist das Kleid. _____ ist modern.
3. Hier ist der Rock. _____ ist kurz.
4. Und hier ist die Bluse. _____ ist hübsch.
5. Hier ist das Hemd. _____ ist grün.
6. Und hier sind die Schuhe. _____ sind schmutzig.
7. Hier ist der Hut. _____ ist rot.
8. Und hier ist die Hose. _____ ist weiß.
9. Hier sind die Stiefel. _____ sind schwarz.
10. Und hier ist der Anzug. _____ ist alt.

2/ 밑줄 친 곳에 알맞은 소유대명사를 적으세요.

1. JOHANNA: Wo sind ______ Hausaufgaben?
   PAUL: Sie liegen leider zu Hause.
2. ONKEL : Ist das ______ Hund?
   NICHTE : Nein, das ist nicht _______ Hund. Ich habe keinen Hund.
3. LINA : He, Rosemarie! Das ist ________ Kleid.
   MARIE : Nein, das ist _______ Kleid. _______ Kleid ist schmutzig.
4. CLARA : Woher kommen ________ Eltern, Frau Johanna?
   FRAU JOHANNA : _______ Mutter kommt aus Schwabing und _______ Vater kommt aus Germering.

3/ 다음 질문에 답하시오.

1. Woher kommen Sie?
2. Woher kommt Ihre Mutter?
3. Woher kommt Ihr Vater?
4. Woher kommen Ihre Großeltern?
5. Woher kommt Ihr Professor/ Ihre Professorin?
6. Wie heißt ein Student aus Ihrem Deutschkurs und woher kommt er?
7. Wie heißt eine Studentin aus Ihrem Deutschkurs und woher kommt sie?

4/ 밑줄 친 곳에 알맞은 대명사를 적으세요.

1. CLARA : Arbeitet Marie?
   JONAS : Nein, ______ arbeitet nicht.
2. MORITZ : Schwimmen _______ gern im Meer?
   FRAU LUISA : Ja, sehr gern. Und Sie?
3. NIKLAS : Was machst _______ im Sommer?
   LINA : ______ fliege nach Spanien.
4. CLARA : Woher kommt _______?
   LEONIE UND OSKAR : _______ kommen aus Krefeld.
5. JULIAN : ______ studiere in Göttingen. Und _______?
   JAKOB UND EMILIA : _______ studieren in Berlin.

5/ 밑줄 친 곳에 소유대명사 dein, euer, Ihr 가운데 알맞은 것을 골라 올바른 어미와 함께 적으시오.

1. FRAU MEYER : Wie finden Sie meinen Pullover?
   HERR SCHNEIDER : Ich finde ______ Pullover sehr schön.
2. ELIAS : Weißt du, wo meine Brille ist, Emma?
   EMMA : _____ Brille ist auf dem Tisch.

3. OMA NEUMANN : Hanna! Lukas! Räumt ______ Schuhe auf!
HANNA UND LUKAS : Ja, gleich, Oma.

4. HERR KOCH : Lena! Komm mal ans Telefon! ______ Freundin ist am Apparat.
LENA : Ich komme.

5. HERR BRAUN : Beißt ______ Hund?
FRAU FISCHER : Was glauben Sie denn! Natürlich beißt mein Hund nicht.

6. SARA : Morgen möchte ich zu meinen Eltern fahren.
PAUL : Wo wohnen ______ Eltern?
SARA : In Santa Cruz.

7. JULIAN : Silvia und ich, wir verkaufen unseren Computer.
ALEAX : ______ Computer! Der ist so alt, den kauft doch niemand!

6/ <보기>처럼 주어진 낱말을 연결하여 알맞은 문장을 만드세요.

보기

Laura verkauft ihre CDs.

Laura	verkaufe	ihr	Computer (der)
Jan	verkaufen	ihre	Ohrring (der)
ich	verkaufen	ihre	Wörterbuch (das)
Anna	verkaufen	ihren	Trainingsanzug (der)
Paul und Emilia	verkauft	ihren	CDs (복수)
wir	verkauft	mein	Bücher (복수)
Felix	verkauft	seine	Gitarre (die)
Lara und Alex	verkauft	seinen	Bilder (복수)
Frau Johanna	verkauft	unsere	Telefon (das)

7/ 밑줄 친 곳에 알맞은 대명사를 적으세요.

1. OMA LEHMANN : Seht _____ gern fern?
   HANNA UND OSKAR : Ja, _____ sehen sehr gern fern.
2. FRAU ZIMMERMANN : Lesen _____ die Zeitung?
   MARIE : Im Moment nicht. ______ lese gerade ein Buch.
3. HERR LANG : Isst Ihre Tochter gern Eis?
   HERR HUBER : Nein, _____ isst lieber Joghurt. Aber da kommt mein Sohn, _____ isst sehr gern Eis.
4. SOPHIA : Wohin fährst _____ im Sommer?
   ALEX : ____ fahre nach Spanien. Und wohin fährst ____?
   SOPHIA : ____ fahre nach England.

8/ 밑줄 친 곳에 알맞은 소유대명사를 적으시오.

Jetzt muss ich aber los, mein (1) Chef ist immer pünktlich. Moment mal, wo ist ___(2) Tasche? Ah, hier. Hab ich jetzt alles? Mal sehen: ___(3) Geld, ___(4) Fahrkarte, ___(5) Schlüssel(Plural), alles da. Ach nein, jetzt hab ich ____(6) Wasserflasche vergessen und ____(7) Buch. Aber jetzt hab ich´s, also los!

9/ 밑줄 친 곳에 알맞은 소유대명사를 적으시오.

1. Ich finde meine Tasche nicht. Weißt du, wo sie ist?
2. Los, Paul, hol dir _____ Ball!
3. Kinder, wir fahren jetzt. Zieht bitte _____ Schuhe an.
4. Entschuldigen Sie, darf ich _____ Tasche wegstellen?
5. Wir kommen gleich, wir müssen nur noch _____ Sachen packen.

10/ 밑줄 친 곳에 알맞은 구를 적어 문장을 완성하시오.

1. Elias: CD-Player, CDs, Sonnenbrille
   Elias nimmt seinen CD-Player, ... ____________
2. Emma: Handtasche, Handy, Wecker
   Emma fährt nicht ohne ____________________
3. Mutter Leni: Handtuch, Joggingschuhe, Sonnencreme
   Leni packt ________________________
4. Vater Tom: Sportzeitschrift, Kissen, Fotoapparat
   Tom fährt nur mit _____________________

11/ 뜻이 통하도록 연결하시오.

1. B Ich will mir diese Jacke kaufen.
2. ___ Ich will mir eine Jacke kaufen.
3. ___ Ich möchte Sara ein Buch schenken.
4. ___ Ich möchte Sara dieses Buch schenken.

A. Was für ein Buch willst du ihr schenken, einen Roman oder einen Reiseführer?

B. Welche Jacke willst du dir kaufen, die rote oder die blaue?

C. Was für eine Jacke willst du dir kaufen?

D. Welches Buch willst du ihr schenken?

12/ 밑줄 친 곳에 알맞은 부정대명사는?

보기

einige • jeden • manchen • welche • irgendein • diesem • diese

Ich begrüße Sie zum Seminar „Geschichten erzählen". In diesem(1) Seminar lernen wir verschiedene Möglichkeiten kennen, weil man eine Geschichte spannend erzählen kann. Wir werden sehen, ______(2) verschiedenen Möglichkeiten es gibt und _____(3) Möglichkeiten auch selbst ausprobieren.

Wir sind neun Teilnehmer und ich habe hier neun Kopien. Es ist also für ____(4) Teilnehmer eine Kopie da.

Haben Sie Lust, dass wir nach dem Seminar alle zusammen essen gehen? In ___(5) Seminargruppen wollen die Leute lieber gleich nach Hause gehen.

Also, _____(6) Teilnehmer wollen essen gehen, genauer gesagt sind es sechs. Ich schlage vor, dass wir dann in das Restaurant gegenüber gehen.

Oh, hier ist noch eine Jacke. _____(7) Seminarteilnehmer hat seine Jacke vergessen!

13/ 밑줄 친 곳에 알맞은 대명사의 어미변화를 적으시오.

Luisa und Marie schenken sich jedes(1) Jahr etwas zu Weihnachten. Dies__(2) Jahr möchte Marie Luisa gern irgendein__(3) Tango-CD schenken, aber sie weiß nicht, welch__(4) CDs Luisa schon hat. Sie ruft Alex an und fragt ihn. Alex sagt ihr, welch__(5) CDs in Luisas Regal stehen, aber manch__(6) CDs sind auch im Auto. Er kann ihr also nicht all__(7) CDs nennen, die Luisa hat. Aber Marie hat bisher noch jed__(8) Mal das richtige Geschenk für Luisa gefunden.

14/ 밑줄 친 곳에 알맞은 인칭대명사는?

1. Das ist Marie. Sie kommt aus der Schweiz.
2. Das ist Phillip. _____ kommt aus Österreich.
3. Kennst du Yudong und Sohyun? _____ Leben in Korea.

4. Marie und Lena, wo seid _____?

5. Guten Tag Frau Kaiser. Gehen _____ auch zum Bäcker?

15/ 아래 대화의 밑줄 친 곳에 알맞은 인칭대명사는?

○ Entschuldigen Sie(1), sind_____(2) Frau Lehmann?

● Nein, _____(3) bin Frau Werner. Frau Lehmann sitzt dort hinten, sehen _____(4) sie?

○ Ja, _____(5) sehe _____(6). Vielen Dank.

○ Guten Tag Frau Lehmann, _____(7) heiße Thomas Meyer. _____(8) haben gestern wegen des Autos angerufen.

● Guten Tag, Herr Meyer. _____(9) habe schon alles fertig gemacht. Bitte unterschreiben _____(10) hier.

16/ 밑줄 친 곳에 알맞은 인칭대명사는?

1. Was schenkst du deiner Mutter?
   - Ich schenke ihr eine Tasche.
2. Und was schenkst du deinem Vater?
   - Für ____ habe ich ein Buch gekauft.
3. Und was bekommt deine Schwester?
   - Ich habe zwei DVD-Filme für _____.
4. Hast du ein Geschenk für Anna und Jan?
   - Ja, ich schenke _____ eine Flasche Wein.
5. Und mir, was schenkst du mir?
   - _____ schenke ich natürlich auch etwas!

17/ 밑줄 친 곳에 알맞은 인칭대명사는?

1. Wie geht es (Tom und Klara) euch? _____ haben uns ja lange nicht mehr gesehen!
2. Ich gehe jetzt einkaufen, kann ich (Lara und Alex) _____ etwas mitbringen?
3. Wann hast du (Henri) _____ das letzte Mal gesehen?
4. Warst du zusammen mit (Luis und Max) _____ im Kino?
5. Kannst du (Leni) _____ bitte sagen, dass sie (ich) _____ anrufen soll?
6. Kannst du (Herr und Frau Zimmermann) _____ um acht Uhr abholen?

18/ 밑줄 친 곳에 알맞은 대명사는?

보기

niemand • jeder • alle • alle • jemand • alles • jemand • jeder

Ich wohne in einem großen Mietshaus in der Stadt. Es hat einen schönen Hof, den alle(1) benutzen können. Im Sommer ist immer _____(2) unten und hängt Wäsche auf oder spielt mit den Kindern. Es gibt einen großen Fahrradkeller für _____(3) und auch eine Waschküche, die _____(4) benutzen kann. Aber nachts, sonntags und an Feiertagen darf _____(5) die Waschküche benutzen, dann ist der Strom dort abgestellt. Es gibt einen Kalender, in den sich _____(6) einträgt, der waschen will. Manchmal gibt es Ärger, wenn sich _____(7) nicht in den Kalender eingetragen hat – aber eigentlich funktioniert das _____(8) sehr gut.

19/ 아래 대화의 밑줄 친 곳에 알맞은 의문대명사는?

보기

wie • wann • wo • wie • wer • warum • was

○ Hallo ich bin Emilia, und wer (1) bist du?

● Ich bin Laura.

○ Ich wohne in dem Haus da drüben, und ______(2) wohnst du?

● Ich wohne in dem Haus neben dir.

○ Super. Ich gehe jetzt spielen, ______(3) machst du?

● Ich gehe jetzt nach Hause, lernen. ______(4) musst du nach Hause gehen?

○ Um 18 Uhr. Kommst du mal zu mir? Ich habe eine tolle Katze.

● Ja, sehr gern.______(5) heißt deine Katze?

○ Mimi Kühlschrank!

● ______(6) bitte? ______(7) heißt deine Katze „Mimi Kühlschrank"???

○ Weil sie immer vor dem Kühlschrank sitzt.

20/ 밑줄 친 부분이 대답이 되도록 의문문을 만드시오.

1. Das ist Herr Hahn. Wer ist das?
2. Die Jacke gehört mir. ______________________
3. Ich rufe Frau Wagner an. ______________________
4. Philipp kommt heute zu Besuch. ______________________

21/ 아래 대화의 밑줄 친 곳에 알맞은 의문대명사는?

○ Wohin(1) gehst du?

● Ich gehe joggen.

○ Du warst doch gestern schon joggen. _____(2) gehst du heute wieder joggen?

● Weil ich Lust habe!

○ _____(3) kommst du wieder?

● In einer Stunde.

-

○ Ich habe dich überall gesucht. _____(4) warst du?

● Joggen, das habe ich dir doch gesagt. _____(5) fragst du?

○ Ich habe mir Sorgen gemacht, du warst fast zwei Stunden weg.

22/ 밑줄 친 곳에 올바른 부정대명사를 넣으세요.

1. Ich habe _______ (no one) gesehen.
2. Er hat ______ (something) gesagt.
3. ______ (everyone) war zu Hause.
4. Sie kann ______ (nothing).
5. ______ (one) sollte ihm danken.

23/ 다음 문장의 기울인체 부분을 대명사로 바꾸어 문장을 다시 고쳐 쓰세요.

1. Er gab seiner Mutter *das Geld.*
2. Ich habe *meiner Freundin* ein Paket geschickt.
3. Sie zeigte ihrem Kind *die Tiere.*
4. Sie erzählen *ihren Freunden* die Neuigkeit.
5. Sie bringen den Kranken *Blumen.*

24/ 밑줄 친 곳에 올바른 인칭대명사를 넣으세요.

1. Philipp war in Deutschland. Jetzt spricht _____ gut Deutsch.
2. Sophia, wohin hast _____ das Geld gelegt?
3. Meine Herren, was brauchen _____ noch?
4. Wo liegt die Zeitung? Dort liegt _____.
5. Max, _____ bist ein guter Hund.
6. Die Katze schläft. _____ ist müde.
7. Lina ist krank. _____ ist im Krankenhaus.
8. Frau Becker, sind _____ heute abend dort?
9. Die Blätter sind abgefallen. _____ liegen unter dem Baum.
10. Wo ist das Messer? Hier ist _____.
11. Seht ihr Clara? Ja, _____ sehen _____.
12. Kocht Mutter das Abendessen? Ja, ____ kocht _____.
13. Will Anna die Blumen pflücken? Ja, _____ will _____ pflücken.
14. Kennt Jakob seine Großeltern? Ja, _____ kennt_____.
15. Siehst du den Beamten? Ja, ____ sehe _____.

04 명사의 격

독일어 명사는 1격, 2격, 3격, 4격 등 4개의 격이 있다. 각각 영어의 주격, 소유격, 여격, 목적격에 상응한다. 격은 대부분 명사 앞에 오는 관사류 낱말(정관사, 부정관사, 지시대명사, 소유대명사, 부정대명사 등) 또는 형용사의 격변화를 통해 표현된다.

❖ 1격(Nominativ)의 사용

문장의 주어

Der Mann spielt Golf.	The man is playing golf.
Die Freundin kommt.	The girl friend is coming.
Das Auto ist kaputt.	The car is broken.
Die Kinder weinen.	The children are crying.
Dieser Apfel ist sauer.	This apple is sour.
Diese Stadt ist bekannt.	This city is well known.
Dieses Zimmer ist groß.	This room is large.
Diese Bücher sind interessant.	These books are interesting.
Ein Hund bellt.	A dog is barking.
Eine Kopie ist hier.	A copy is here.
Ein Mädchen singt.	A girl is singing.
Mein Bruder ist krank.	My brother is ill.
Meine Katze ist weiß.	My cat is white.
Mein Messer ist rostig.	My knife is rusty.

Meine Eltern sind dort. My parents are there.

Kein Wagen ist billig. No car is inexpensive.

Keine Fabrik ist sauber. No factory is clean.

Kein Hotel ist so modern. No hotel is as modern.

Keine Museen sind geschlossen. No museums are closed.

◉ 술어명사: sein, werden과 같은 연사는 1격 명사를 술어명사로 취한다.

Die Frau ist **seine Mutter**. The woman is his mother.

Martin ist **unser Freund**. Martin is our friend.

Gisela wird **keine Lehrerin**. Gisela will not become a teacher.

❖ 4격(Akkusativ)의 사용

◉ 문장의 직접목적어

Wir kaufen **den Wagen**. We are buying the car.

Ich nehme **die Zeitung**. I take the newspaper.

Kennst du **das Drama**? Do you know the drama?

Ich habe **die Bücher**. I have the books.

Wir kennen **ihren Bruder**. We know her brother.

Sie braucht **ihre Tasche**. She needs her purse.

Sie verkaufen **ihr Auto**. They are selling their car.

Sie hat **ihre Karten**. She has her tickets.

Ich kenne **keinen Dichter**. I don't know any poet.

Schreibst du **keine Karte**? Aren't you writing a card?

Hast du **kein Geld**? Do you have no money?

Er kauft **keine Schuhe**. He is not buying shoes.

일정한 시간이나 시간의 지속성을 표현할 때

Er bleibt **eine Woche** in Bonn. He is staying one week in Bonn.

Sie besucht mich **jeden Tag**. She visits me every day.

편지 머리의 날짜를 표시할 때

Köln, **den 13.4.2017**

명사는 대부분 단수 2격/3격/4격 형태가 1격 형태와 동일하지만, 아래 남성명사들은 2격/3격/4격 단수에 -e(n)이 붙는다.

der Hase	dem Hasen	den Hasen	des Hasen
der Herr	dem Herrn	den Herrn	des Herrn
der Junge	dem Jungen	den Jungen	des Jungen
der Held	dem Helden	den Helden	des Helden
der Mensch	dem Menschen	den Menschen	des Menschen
der Präsident	dem Präsidenten	den Präsidenten	des Präsidenten
der Student	dem Studenten	den Studenten	des Studenten
der Bauer	dem Bauern	den Bauern	des Bauern
der Kollege	dem Kollegen	den Kollegen	des Kollegen
der Friede	dem Frieden	den Frieden	des Frieden
der Gedanke	dem Gedanken	den Gedanken	des Gedanken
der Buchstabe	dem Buchstaben	den Buchstaben	des Buchstaben
der Patient	dem Patienten	den Patienten	des Patienten
der Journalist	dem Journalisten	den Journalisten	des Journalisten

der Tourist	dem Touristen	den Touristen	des Touristen
der Soldat	dem Soldaten	den Soldaten	des Soldaten
der Praktikant	dem Praktikanten	den Praktikanten	des Praktikanten
예외 der Name	dem Namen	den Namen	**des Namens**
예외 das Herz	dem Herzen	**das Herz**	**des Herzens**

Wir treffen **den Studenten.** We meet the student.

Kennst du **einen Helden**? Do you know a hero?

Ich gebe **dem Herrn** die Zeitung.
I am giving the newspaper to the gentleman.

Wir bringen **dem Studenten** ein Buch.
We are bringing a book to the student.

❖ 3격(Dativ)의 사용

동사의 간접목적어: 영어는 주로 전치사 to/for로 표현된다.

Ich hole **dem Hund** das Futter.
I am getting the food for the dog.

Er kauft **der Frau** die Karte.
He is buying the ticket for the woman.

Wir zeigen **dem Kind** das Brot.
We are showing the boat to the child.

Wir geben **einem Mann** Geld.
We are giving money to a man.

Ich schicke **meiner Freundin** nichts.
I am sending nothing to my girl friend.

Sie kauft **unsrem Kind** Schokolade.
She is buying chocolate for our child.

아래 동사들은 주로 3격 목적어를 요구한다.

주어와 3격 목적어가 모두 사람인 예

Ich **antworte** dem Herrn. I answer the gentleman.

Ich **begegnete** einem alten Mann, I met an old man.

Ich **gratuliere** dir zum Geburtstag.
Happy Birthday!
(I congratulate you on your birthday.)

Soll ich dir **helfen**? Do you want me to help you?

Ich **höre** dir genau **zu**. I'm listening to zou carefully.

주어가 사물이고, 3격 목적어는 사람인 예

Diese CDs **gehören** mir. These CDs belong to me.

Diese Hose **passt** mir nicht. These pants don't fit me.

Rauchen **schadet** der Gesundheit. Smoking is bad for (damages) your health.

Schmeckt Ihnen der Fisch? Does the fish taste good to you?

Blau **steht** dir gut. Blue suits you well.

Mir **fehlt** ein Buch. I'm missing a book.

Gefällt Ihnen dieses Bild? Do you like this picture?
(Does this picture please you?)

3격 목적어 외에 4격 목적어도 함께 사용되는 예

Er **bringt** seiner Freundin Blumen.
He brings flowers to his girl friend.

Wir **geben** der Katze Milch.
We are giving milk to the cat.

Ich **hole** meinem Bruder den Schlüssel.
I am getting the key for my brother.

Sie **kauft** ihrer Mutter ein Auto.
She is buying a car for her mother.

Sonja **schickt** ihrer Tante ein Geschenk.
Sonja is sending a gift to her aunt.

Sie **sagt** ihrem Mann die Wahrheit.
She is telling her husband the truth.

Er **zeigt** dem Mädchen das Museum.
He is showing the museum to the girl.

- 3격 지배 동사: 항상 3격 목적어를 요구하는 동사들이다.

Wir **danken** unsrem Lehrer.	We thank our teacher.
Ich **helfe** dem Kind.	I am helping the child.
Dieses Buch **gehört** ihrem Sohn.	This book belongs to her son.
Jener Hut **gefällt** seiner Frau.	His wife likes that hat.

- glauben 동사는 사람인 경우는 3격을, 사물인 경우는 4격을 사용한다.

Ich **glaube dem Kind**.	I believe the child.
Ich **glaube die Geschichte**.	I believe the story.

- 복수 3격의 명사에는 항상 -n 어미가 붙는다. 다만 복수 형태에 -s 어미가 붙는 명사는 예외이다.

Ich schicke **den Kindern** Geschenke.
I am sending presents to the children.

Wir geben **den Mädchen** nichts.
We are giving nothing to the girls.

Er zeigt **den Babys** das Tier.
He is showing the animal to the babies.

❖ 2격(Genitiv)의 사용

● 두 명사 간의 소유 혹은 관계를 주로 표현한다. 영어로는 전치사 of 또는 's로 표현하지만, 독일어의 경우 소유격부호인 아포스트로피를 사용하지 않는다. 독일어의 -s는 (아포스트로피가 없이) 고유명사에만 사용한다.

Dort liegt das Buch **des Lehrers.**	There lies the teacher's book.
Wo ist das Auto **der Frau**?	Where is the woman's car?
Der Griff **des Messers** ist rostig.	The handle of the knife is rusty.
Das ist die Frau **meines Sohnes.**	That is my son's wife.
Wo ist die Tasche **meiner Tochter**?	Where is my daughter's purse?
Hier ist ein Foto **unsres Hauses.**	Here is a picture of our house.
Frau **Schnabels Mann** ist hier.	Mrs. Schnabel's husband is here.
Die Eltern **dieser Kinder** sind hier.	The parents of these children are here.

● 불명확한 시간 표현: 영어의 someday (night, morning)는 미래의 부정확한 시간을 의미할 때, one day (night)는 과거의 부정확한 시간을 의미할 때 사용하지만, 독일어에서 2격 시간 표현은 과거와 미래의 구분 없이 불명확한 시간을 표현한다. Nacht는 여성명사이지만 eines Nachts라는 표현을 사용한다.

Eines Tages wird sie ihren Freund sehen.
Some day she'll see her friend.

Eines Morgens kam er zu Besuch.
One morning he came for a visit.

Eines Nachts war er wieder gesund.
One night he was well again.

2격 명사의 어미: 남성명사와 중성명사는 대부분 단수 2격에서 어미 -(e)s가 붙는다. 하지만 여성명사는 2격 어미가 없다.

- -s/-es: 1음절 이상인 명사는 -s가 오고, 1음절 명사는 - es가 붙는다: meines Bruder**s**, dieses Zimmer**s**; des Buch**es**. 마지막 음절에 강세가 오는 명사의 경우도 - es가 붙는다 (des Gedicht**es**).

- -en: 2격/3격/4격 단수에 -e(n)이 붙는 명사들이다.

  Die Frau **des Präsidenten** ist krank.

  The wife of the president is ill.

- -(e)ns: des Herzens, des Namens, des Friedens.

  Traurigen Herzens zog er in den Krieg.

  With a heavy heart he went to war.

- -ens/'(아포스트로피): 남성명사가 [s]음으로 끝날 때, -ens 또는 아포스트로피가 올 수 있지만, 이 경우 전치사 von을 사용하는 경우가 많다.

  Maxens Geburtstag ist am 11. Mai. Max's birthday is May 11th.

  Max' Geburtstag ist am 11. Mai.

  Der Geburtstag **von Max** ist am 11. Mai.

- 고유명사는 2격에서 -s를 사용한다.

  Fräulein **Bauers** Hut war teuer.

  Miss Bauer's hat was expensive.

von 전치사구가 2격 명사구를 대신하는 경우가 많다.

Das Kleid **meiner Tochter**.

Das Kleid **von meiner Tochter** war teuer.

My daughter's dress was expensive.

Das Auto **meines Bruders** ist kaputt.
Das Auto **von meinem Bruder** ist kaputt.
My brother's car is broken.

1/ 그림과 표를 보고 <보기>처럼 문장을 만드시오.

보기

Jonas kauft den Wecker, das Regal und den Videorekorder.

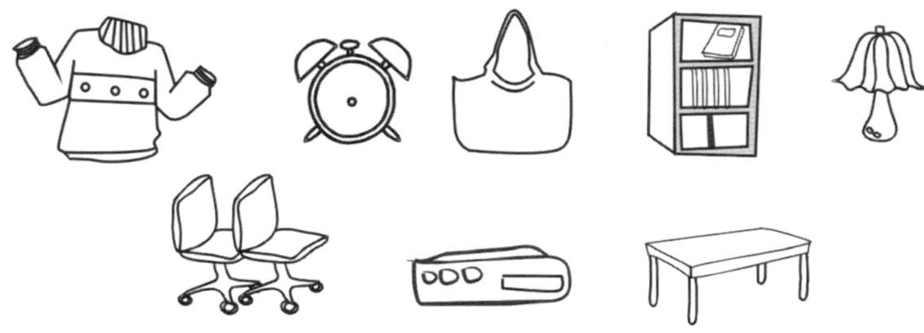

	Jonas	Emil	Laura	Johanna	ich
der Pullover	-	-	-	+	
der Wecker	+	-	-	-	
die Tasche	-	+	+	-	
das Regal	+	-	+	-	
die Lampe	-	-	-	+	
die Stühle	-	+	-	-	
der Videorekorder	+	-	-	+	
der Schreibtisch	-	+	+	-	

2/ 아래 물건들 가운데 여러분의 방에 있는 물건은?

보기

Ich habe einen/eine/ein/________, ...

das Bett
das Bild/die Bilder
die Bücher
der Fernseher
der Schrank
der Schreibtisch
der Sessel
der Stuhl / die Stühle

die Gitarre	das Telefon
das Klavier	der Teppich
die Lampe/die Lampen	der Wecker
das Regal/die Regale	________

3/ 밑줄 친 곳에 알맞은 인칭대명사 형태를 적으세요.

보기

mich • dich • uns • euch • Sie

1. KLARA: Holst du mich heute Abend ab, wenn wir ins Kino gehen?
   TOM: Natürlich hole ich _____ ab!
2. MORITZ: Hallooo! Hier bin ich, Ben! Siehst du _____ denn nicht?
   BEN: Ach, da bist du. Ja, jetzt sehe ich _____.
3. LINA: Guten Tag, Frau Johanna. Sie kennen _____ noch nicht. Wir sind neu in Ihrer Klasse. Das ist Noah, und ich bin Lina.
   FRAU JOHANNA: Guten Tag, Noah. Guten Tag, Lina.
4. LUISA: Hallo, Ben. Hallo, Tom. Klara und ich besuchen _____ heute.
   BEN UND TOM: Toll! Bringt Kuchen mit!
5. MORITZ: Leni, ich mag _____!
   LENI: Das ist schön, Moritz. Ich mag _____ auch.
6. FRAU JOHANNA: Spreche ich laut genug? Verstehen Sie _____?
   KLASSE : Ja, wir verstehen _____ sehr gut, Frau Johanna.
7. MORITZ UND BEN : Auf Wiedersehen, Frau Johanna! Schöne Ferien! Und vergessen Sie uns nicht.
   FRAU JOHANNA: Natürlich nicht! Wie kann ich _____ denn je vergessen?

4/ <보기>처럼 인칭대명사를 이용하여 질문에 답하시오.

보기

Machst du gern das Arbeitsbuch für Schritte?

→ Ja, ich mache es gern. Oder : Nein, ich mache es nicht gern.

(Tipp: das → es den → ihn die → sie)

1. Machst du gern **das** Arbeitsbuch für Schritte?
2. Kannst du **das** deutsche Alphabet aufsagen?
3. Kennst du **den** beliebtesten deutschen Vornamen für Jungen?
4. Liest du gern **die** Grammatik?
5. Lernst du gern **den** Wortschatz?
6. Kennst du **die** Studenten und Studentinnen in der Klasse?
7. Vergisst du oft **die** Hausaufgaben?
8. Magst du **deinen** Lehrer oder **deine** Lehrerin?

5/ 주어진 낱말을 이용하여 <보기>처럼 문장을 만드세요.

보기

Ich schenke meiner Mutter eine Kamera.

backen	Bruder/Schwester	ein Abendessen
erklären	Freund/Freundin	meine Bilder
erzählen	Großvater/Großmutter	einen Brief
geben	Vetter/Kusine	ein Buch
kaufen	Vater/Mutter	mein Deutschbuch
kochen	Onkel/Tante	50 Dollar
leihen	Partner/Partnerin	eine Geschichte

schenken	Professor/Professorin	eine Krawatte
verkaufen	Mitbewohner/Mitbewohnerin	einen Kuchen
		einen Kuss
		einen Tennisball
		einen Witz

6/ 주어진 낱말을 이용하여 <보기>처럼 문장을 구성하세요.

보기

Amelie schreibt ihren Eltern eine Karte.
Bikini (m.) = der Bikini
Grammatik (f.) = die Grammatik
Zelt (n.) = das Zelt

Amelie	erklären	Eltern	Bikini (m.)
Emil	erzählen	Freund	Grammatik (f.)
Lukas	geben	Freundin	Karte (f.)
Lena	kaufen	Mann	Regenschirm (m.)
Jakob	kochen	Mutter	Armband (n.)
Ben	leihen	Professor	Rucksack (m.)
Lara	schenken	Schwester	Suppe (f.)
Frau Johanna	schreiben	Tante	Märchen (n.)
Charlotte	verkaufen	Vetter	Zelt (n.)

7/ 밑줄 친 곳에 알맞은 의문대명사의 형태는?

보기

wer • wen • wem

1. JULIAN: ______ hat meinen Regenschirm?
   SOFIA: Ich habe ihn.
2. MARIE: ______ hast du in der Stadt gesehen?
   JAN: Clara.
3. SARA: ______ willst du die CD schenken?
   TIM: Laura. Sie wünscht sie sich schon lange.
4. FRAU LUISA: Na, erzähl doch mal. ______ hast du letztes Wochenende kennen gelernt?
   OSKAR: Also, sie heißt Nele und ...
5. MAXIMILAN: ______ wollt ihr denn euren neuen Computer verkaufen?
   LENA: Schülern und Studenten.
6. EMMA: Weißt du, ______ heute Abend zu uns kommt?
   LENA: Nein, du?
   EMMA: Tante Lina, natürlich.

8/ 밑줄 친 곳에 알맞은 인칭대명사의 형태는?

보기

mir • dir • uns • euch • Ihnen.

1. JAN: Mutti, kaufst du ______ Schokolade?
   FRAU LAURA: Ja, aber du weißt, dass du vor dem Essen nichts süßes essen sollst.
2. HANNA: Was hat denn Frau Charlotte gesagt?
   FELIX: Das erzähle ich ______ nicht.

3. EMIL: Mutti, kochst du Alex und mir einen Pudding?
   FRAU WAGNER: Natürlich koche ich _____ einen Pudding.

4. HERR SCHMIDT: Sie schulden mir noch zehn Euro, Herr Otto.
   HERR OTTO: Was!? Wofür denn?
   HERR SCHMIDT: Ich habe _____ doch für 100 Euro mein altes Motorrad verkauft, und Sie hatten nur 90 Euro dabei.
   HERR OTTO: Ach, ja, richtig.

5. FRAU MÜLLER: Mein Mann und ich gehen heute Abend aus. Können Sie _____ vielleicht ein gutes Restaurant empfehlen, Herr Otto?
   HERR OTTO: Ja, gern.

9/ 표를 이용하여 <보기>처럼 질문에 답하시오.

보기

Was hat Anna ihrem Freund geschenkt?
Sie hat ihm ein T-Shirt geschenkt.

	Anna	Elias
schenken	ein T-Shirt	einen Regenschirm
leihen	ihr Auto	500 Euro
erzählen	einen Witz	eine Geschichte
verkaufen	ihre Sonnenbrille	seinen Fernseher
zeigen	ihr Büro	seine Wohnung
kaufen	eine neue Brille	einen Kinderwagen

1. Was hat Elias seiner Mutter geschenkt?
2. Was hat Anna ihrem Vater geliehen?
3. Was hat Elias seinem Bruder geliehen?
4. Was hat Anna ihrer Friseurin erzählt?

5. Was hat Elias seinen Nichten erzählt?
6. Was hat Anna ihrer Freundin verkauft?
7. Was hat Elias seinen Eltern verkauft?
8. Was hat Anna ihrem Schwager gezeigt?
9. Was hat Elias seinem Freund gezeigt?
10. Was hat Anna ihrer Großmutter gekauft?
11. Was hat Elias seiner Schwägerin gekauft?

10/ 주어진 낱말로 <보기>처럼 문장을 만드세요.

보기

Alex sagt, dass sein Auto rot ist. → Alex spricht über die Farbe seines Autos.

das Alter	die Kleidung	die Situation
der Beruf	die Länge	die Sprache
das Bild	die Qualität	

1. Emilia sagt, dass ihre Schwester als Lehrerin arbeitet.
2. Tom sagt, dass sein Vater einen Picasso besitzt.
3. Frau Johanna sagt, dass ihre Nichten fünf und acht Jahre alt sind.
4. Julian sagt, dass sein Studium insgesamt fünf Jahre dauert.
5. Alex sagt, dass seine Großeltern nur Spanisch sprechen.
6. Lina sagt, dass ihr Freund gern Jeans und lange Pullover trägt.
7. Tom sagt, dass das Leitungswasser in Frankfurt sehr gut ist.
8. Clara sagt, dass Frauen für die gleiche Arbeit immer noch weniger verdienen als Männer.

11/ 밑줄 친 곳에 알맞은 명사의 격 형태를 적으시오.

1. Familie Henne hat einen neuen Nachbarn. (Nachbar)
2. Er erzählt viel von seiner Arbeit und von seinen _______. (Kollege)
3. Er ist _______. (Journalist)
4. Viele Leute kennen seinen _______. (Name)
5. Er hat schon viele Interviews mit bekannten Personen gemacht, sogar mit dem ________. (Bundespräsident)

12/ 아래 문장의 격에 유의하여 맞지 않는 것은?

1. Die Katze spielt mit (1)dem Kugelschreiber / (2)den Kindern / (3)der Tasche / (4)die Maus.
2. Hast du (1)der Brille / (2)der Schlüssel / (3)das Buch / (4)die Karten?
3. Hier ist (1)der Schule / (2)das Geschäft / (3)den Bäcker / (4)die Post.
4. Bist du fertig mit (1)der Brief / (2)der Arbeit / (3)dem Buch / (4)den Prospekten?

13/ 밑줄 친 곳에 필요하다면 알맞은 어미를 넣으세요.

1. D__ Tochter mein__ Freund__ has dies__ Brief geschrieben.
2. Ein__ Tag__ kaufte er sein__ Frau__ ein__ Pelzmantel.
3. D__ Eltern dies__ Mädchen__ sind dort.
4. Unser__ Sohn ist dies__ Woche hier.
5. Welch__ Blumen hat d__ Junge sein__ Mutter__ gekauft?
6. Solch__ Tiere fressen kein__ Blätter.
7. Mein__ Freundinnen geben unsr__ Eltern__ kein__ Geschenk.
8. D__ Wagen jen__ Herr__ ist teuer.

9. Sie gibt ihr__ Sohn jed__ Tag ein__ Apfel.
10. Welch__ Auto gehört d__ Frau d__ Lehrer__ ?

05 동사 현재인칭변화

❖ 인칭대명사

구분	단수	복수
1인칭	ich	wir
2인칭	du/Sie	ihr/Sie
3인칭	er, sie, es	sie

❖ 동사 현재인칭변화

동사의 부정형(원형): 동사 어간 + -en/-n

	kommen	wohnen	spielen
ich	komm-**e**	wohn-**e**	spiel-**e**
du	komm-**st**	wohn-**st**	spiel-**st**
er/sie/es	komm-**t**	wohn-**t**	spiel-**t**
wir	komm-**en**	wohn-**en**	spiel-**en**
ihr	komm-**t**	wohn-**t**	spiel-**t**
sie/Sie	komm-**en**	wohn-**en**	spiel-**en**

Wir kaufen einen Wagen. — we are buying a car.
Er singt zu laut. — He is singing too loudly.
Ich kenne den Mann. — I know the man.
Sagst du die Wahrheit? — Are you telling the truth?

Sie studieren Englisch.	They study English.
Trinkt ihr nichts?	Aren't you drinking anything?
Suchen Sie den Hund?	Are you looking for the dog?

동사 어간이 -d, -t, -dn, -tm, -chn, -fn, -gn로 끝나는 경우 발음상의 이유로 단수 2인칭과 3인칭, 복수 2인칭에서 -**e**가 덧붙여진다.

	arbeiten	öffnen	atmen
ich	arbeit-**e**	öffne	atme
du	arbeit-**est**	öffnest	atmest
er/sie/es	arbeit-**et**	öffnet	atmet
wir	arbeit-**en**	öffnen	atmen
ihr	arbeit-**et**	öffnet	atmet
sie/Sie	arbeit-**en**	öffnen	atmen

동사 어간이 -s, -x, -z로 끝나는 경우 단수 2인칭에서 -t만 덧붙인다.

	heißen	tanzen	mixen
ich	heiße	tanze	mixe
du	heißt	tanzt	mixt
er/sie/es	heißt	tanzt	mixt
wir	heißen	tanzen	mixen
ihr	heißt	tanzt	mixt
sie/Sie	heißen	tanzen	mixen

동사 어간이 -eln인 경우 단수 1인칭에서 e가 탈락한다.

	klingeln	lächeln
ich	klingle	lächle
du	klingelst	lächelst
er/sie/es	klingelt	lächelt
wir	klingeln	lächeln
ihr	klingelt	lächelt
sie/Sie	klingeln	lächeln

sein / haben / werden 동사 현재변화형

	sein	haben	werden
ich	bin	habe	werde
du	bist	hast	wirst
er/sie/es	ist	hat	wird
wir	sind	haben	werden
ihr	seid	habt	werdet
sie/Sie	sind	haben	werden

werden은 상태의 변화에 대해 말할 때 사용한다.

Ich werde alt.	I am getting old.
Es wird dunkel.	It is getting dark.
Heidi will Ärztin werden.	Heidi wants to be (become) a physician.

불규칙변화 동사(강변화 동사): du와 er/sie/es에서 어간의 모음이 변한다.

	fahren	laufen	helfen	lesen
ich	fahre	laufe	helfe	lese
du	fährst	läufst	hilfst	liest
er/sie/es	fährt	läuft	hilft	liest
wir	fahren	laufen	helfen	lesen
ihr	fahrt	lauft	helft	lest
sie/Sie	fahren	laufen	helfen	lesen

	halten	geben	nehmen
ich	halte	gebe	nehme
du	hältst	gibst	nimmst
er/sie/es	hält	gibt	nimmt
wir	halten	geben	nehmen
ihr	haltet	gebt	nehmt
sie/Sie	halten	geben	nehmen

▶ Schläfst du gern? Do you like to sleep?

◁ Ja, ich schlafe sehr gern. Yes, I like to sleep very much.

화법조동사의 현재인칭변화

	können	dürfen	mögen
ich	kann	darf	mag
du	kannst	darfst	magst
er/sie/es	kann	darf	mag

wir	können	dürfen	mögen
ihr	könnt	dürft	mögt
sie/Sie	können	dürfen	mögen

	müssen	wollen	sollen
ich	muss	will	soll
du	musst	willst	sollst
er/sie/es	muss	will	soll
wir	müssen	wollen	sollen
ihr	müsst	wollt	sollt
sie/Sie	müssen	wollen	sollen

1/ 밑줄 친 곳에 알맞은 낱말 또는 어미를 넣으시오.

Julian Neumann wohn__ in Berlin. ___ geht in die Schule. Seine Schwester heiß__ Anna. ____ macht viel Sport. Julian und Anna wohn__ bei ihren Eltern. Die Eltern heiß__ Luisa und Lukas. ____ leben und arbeiten in Berlin.

2/ 아래 대화의 밑줄 친 곳에 알맞은 동사어미를 넣으시오.

○ Ich heiß_ Lilly. Ich komm__ aus Milano. Und woher komm__ du?

● Ich komm__ aus Berlin. Aber ich leb__ jetzt auch in Italien.

○ Ach ja? Was mach__ du da? Arbeit__ du bei einer Firma?

● Nein, ich studier_ in Rom.

○ Das find__ ich ja toll. Was studier__ du denn?

3/ 아래 대화의 밑줄 친 곳에 알맞은 동사를 <보기>에서 골라 문법에 맞게 고쳐 쓰시오.

보기

machen · gefallen · sein · heißen · haben · arbeiten · wohnen

○ Hallo, mein Name _____ Hauser. Und wie _____ Sie?

● Ich _____ Hartmann, Elias Hartmann. Ich ______ erst drei Wochen hier.

○ Und was ______ Sie, Frau Hartmann?

● Ich ______ bei der Firma Hyundai.

○ Wie ______ es Ihnen?

● Na ja, ich _____ sehr viel Arbeit.

4/ 주어진 낱말로 <보기>처럼 문장을 만드시오.

보기

Hanna / Schülerin / sein → Hanna ist Schülerin.

1. sie / am 1. April / sieben Jahre alt / werden
2. ich / am ______ / Geburtstag / haben
3. dann / ich / _____ Jahre alt / werden
4. heute / das Wetter / schlecht / sein
5. morgen / es / besser / werden

5/ 밑줄 친 곳에 알맞은 어미를 넣으세요.

Familie Müller wohn__ in Berlin. Herr Müller arbeit__ in einem Krankenhaus. Er komm__ aus Hamburg. Herr und Frau Müller und die beiden Kinder Luisa und Alex leb__ schon zehn Jahre in Berlin. „Wir leb__ gern in Berlin", sag_ Luisa „ich find_ es hier richtig gut. Aber später geh__ ich nach London."

6/ 주어진 동사를 밑줄 친 곳에 고쳐 쓰시오.

Heute ist Sonntag. Luisa (schlafen) ______ bis zehn Uhr. Sie (machen) ______ ein gutes Frühstück. Luisa (essen) ______ nicht gern allein, ihr Freund Leon (sein) ______ auch da. Luisa (erzählen) ______ von der Schule, und Leon (sprechen) ______ über seine Arbeit. Am Nachmittag (treffen) ______ Luisa eine Freundin, Leon (fahren) ______ dann nach Hause.

7/ 밑줄 친 곳에 heißen 동사의 알맞은 형태는?

1. EMIL : Hallo, wie ______ du?
   HANNA : Ich ______ Hanna. Und du?

EMIL : Ich ______ Emil.

2. HERR WEBER : Guten Tag, wie ______ Sie bitte?
   HERR SCHWARZ : Ich ______ Schwarz, Alexander Schwarz.

3. ANNA : Hallo, ich ______ Anna und wie heißt ihr?
   LENA : Ich ______ Lena und er ______ Jonas.

8/ 밑줄 친 곳에 동사 sein의 알맞은 형태는?

1. MORITZ: Ich bin Moritz. Wer ______ du?
   JAN: Ich ______ Jan. Lena und ich, wir ______ gute Freunde.

2. FRAU WAGNER: Das ist Herr Neumann. Er ______ alt.
   PAUL : Herr Neumann ist alt?
   FRAU WAGNER: Ja, Paul. Herr Neumann ist alt, aber Nele und Moritz ______ jung.

3. HERR NEUMANN: Lena und Henri, wie alt ______ ihr?
   LENA: Ich ______ 16 und Henri ______ 13.

4. MORITZ : Wer bist du?
   HENRI: Ich ______ Henri.
   MORITZ: Wie alt bist du?
   HENRI: Ich ______ 13.

9/ 밑줄 친 곳에 동사 haben의 알맞은 형태는?

1. FRAU NEUMANN: Sara, ______ Sie viele Freunde und Freundinnen?
   SARA: Ja, ich ______ viele Freunde und Freundinnen.

2. MAYA: Oskar, ______ du einen Stift?
   OSKAR: Nein.

3. PAUL: Hallo, Hanna und Lena! ______ ihr das Deutschbuch?
   HANNA: Lena ______ es, aber ich nicht.
   PAUL: Dann ______ wir zwei. Ich ______ es auch.

10/ 밑줄 친 곳에 알맞은 낱말 또는 인칭대명사를 적으세요.

1. MORITZ: Woher ________ du, Marie?
   MARIE: Ich ________ aus Berlin.
2. FRAU NEUMANN: Woher ________ Lina?
   LUISA: Lina _______ aus Zürich.
   FRAU NEUMANN: ________ kommen Josef und Melanie?
   OSKAR: Sie ________ aus Regensburg.
   FRAU NEUMANN: Und woher komme ________?
   ALEX: Sie, Frau Neumann, Sie _______ aus Kalifornien.
3. FRAU NEUMANN: Kommt Sara aus Regensburg?
   HANNA: Nein, ________ kommt aus Leipzig.

   FRAU NEUMANN: Kommen Jan und Marie aus Innsbruck?

   OSKAR: Nein, sie ________ aus Regensburg.
4. ALEX: Emilia und Julian, kommt ________ aus Heidelberg?

   EMILIA: Ja, ________ kommen aus Heidelberg.

11/ 동사어미에 유의하면서 <보기>처럼 주어진 낱말로 문장을 구성하세요.

보기

Ich besuche Freunde.

1. ich	lernen	Freunde
2. ihr	besuche	ins Kino
3. Hanna und Jan	studiert	Spaghetti
4. du	hört	ein Buch
5. Maya	reisen	gut Tennis
6. ich	kochen	nach Deutschland

7. wir	lese	in Regensburg
8. Niclas	spielst	Spanisch
9. Julian und Sara	geht	gern Musik

12/ 밑줄 친 곳에 알맞은 동사의 어미는?

1. CLARA: Du tanz__ gern, nicht?

   MARIE: Ja, ich tanz__ sehr gern, aber mein Freund tanz__ nicht gern.

2. FRAU NEUMANN: Leon geh__ im Sommer in den Bergen wandern.

   PAUL: Und was mach__ seine Eltern?

   FRAU NEUMANN: Seine Mutter reis__ nach Frankreich und sein Vater arbeit__.

3. JULIAN: Wir koch__ heute Abend. Was mach__ ihr?

   MORITZ: Wir besuch___ Freunde.

13/ 밑줄 친 곳에 알맞은 동사를 <보기>에서 골라 문법에 맞게 고쳐 쓰세요.

보기

machen (2x) · sehen · fahren (2x) · lesen · essen (3x) · schlafen

MORITZ: Was ________ Hanna und Jan gern?

ALEX: Hanna ________ sehr gern Motorrad. Jan ________ lieber fern.

MORITZ: Was essen sie gern? ________ Jan gern Chinesisch?

ELIAS: Jan ________ gern Italienisch, aber nicht Chinesisch. Und Hanna ________ gern bei McDonald's.

MORITZ: Und ihr, was ________ ihr gern?

ALEX: Ich ________ gern Bücher und Elias ________ gern. Und im Winter _______ wir gern Schlitten.

14/ 주어진 낱말로 <보기>처럼 문장을 만들고, 질문도 하세요.

보기

ich / du bei McDonald´s essen →
Ich esse (nicht) gern bei McDonald´s.
Isst du auch (nicht) gern bei McDonald´s?

1. Wir/ihr: Deutsch sprechen
2. ich/du: Freunde einladen
3. ich/du: im Wald laufen
4. ich/du: Pullis tragen
5. wir/ihr: fernsehen
6. ich/du: Fahrrad fahren
7. wir/ihr: die Hausaufgabe vergessen
8. ich/du: schlafen

15/ 다음 주어진 낱말들을 가지고 현재형 문장을 만드시오.

1. Wie / heißen / du?
2. Was / mixen / du?
3. Du / tanzen / gut
4. Warum / grüssen / du / mich / nichts?
5. Wohin / reisen / du?
6. Was / hassen / du?
7. Wo / sitzen / du?
8. Beißen / du / in den Apfel?

06 분리 동사와 비분리 동사

- 독일어에는 전철을 갖는 동사들이 많이 있다. 전철은 동사에 또 다른 의미를 부여한다.
- 분리 동사의 경우 전철은 현재형과 과거형에서 어간과 분리되어 문장/절의 끝에 온다.

분리 동사	비분리 동사
부정형: **auf**schlagen Ich schlage das Buch **auf**. ↑ 전철	부정형: **be**antworten Ich **be**antworte die Frage. ↑ 전철

❖ 분리전철의 예

ab-	(abschließen)	los-	(losfahren)
an-	(anmachen)	mit-	(mitmachen)
auf-	(aufhören)	nach-	(nachschlagen)
aus-	(ausmachen)	statt-	(stattfinden)
bei-	(beibringen)	um-	(umziehen)
durch-	(durchnehmen)	vor-	(vorlesen)
ein-	(einschalten)	weg-	(wegfahren)
fest-	(festmachen)	zu-	(zuhören)
her-	(herbringen)	zurück-	(zurückgehen)
hin-	(hingehen)	zusammen-	(zusammenschreiben)

비분리 동사는 동사어간과 전철이 분리되지 않는다.

❖ 비분리 전철의 예

be-	(beantworten)	ge-	(gehören)
er-	(erkennen)	ver-	(verkaufen)
zer-	(zerlegen)	emp-	(empfangen)
ent-	(enthalten)	miss-	(missverstehen)

분리 동사의 경우 전철에 강세가 있지만, 비분리 동사는 전철에 강세를 주지 않는다.

❖ 분리동사의 위치

부정형		현재형		
aufstehen	Ich	**stehe**	früh	**auf.**
vorbereiten	Ich	**bereite**	das Frühstück	**vor.**
anmachen	Ich	**mache**	das Radio	**an.**
zuschrauben	Ich	**schraube**	das Marmeladenglas	**zu.**
aufhören	Ich	**höre**	jetzt mit diesen Übungen	**auf.**
		제2의 위치		후치

❖ 종속절의 분리동사 (현재형)

Peter sagt, dass er jeden Morgen um sieben Uhr **aufsteht**.

Peter says that he gets up at seven every morning.

Hast du nicht gesagt, dass du heute **abwäscht**?

Didn't you say that you would do the dishes today?

❖ 종속절의 화법조동사 + 분리동사 (현재형)

Jutta **möchte** ihren Freund **anrufen**.

Jutta wants to call her boyfriend.

Sabine hat schlechte Laune, wenn sie nicht **fernsehen darf**.

Sabine is in a bad mood when she's not allowed to watch TV.

❖ 분리동사의 현재완료형

Herr Schmidt **hat** gestern die Garage **aufgeräumt**.

Mr. Schmidt cleaned up his garage yesterday.

Er **hat** gestern **angerufen**.

He called yesterday.

1/ 밑줄 친 곳에 알맞은 전철을 적으세요.

보기

ab · an · auf · auf · auf · aus · aus · ein · ein

1. Er steht um 7 Uhr ____.
2. Er räumt die Wohnung ____.
3. Er packt seine Sachen ____.
4. Er ruft Amelie ____.
5. Er füllt ein Formular ____.
6. Er holt seinen Reisepass ____.
7. Er kauft Essen ____.
8. Abends geht er ____.
9. Er geht ins Kino, Der Film hört um 22 Uhr ____.

2/ <보기>처럼 복합문을 만드세요.

보기

Julian ist wütend, weil er immer so früh aufstehen muss.

1. Julian ist wütend.
2. Hanna ist froh.
3. Clara ist in Eile.
4. Jonas ist traurig.
5. Tom geht nicht zu Fuß.
6. Elias hat selten Langeweile.

A. Sie muss noch einkaufen.
B. Er steht immer so früh auf.
C. Seine Freundin nimmt ihn zur Uni mit.
D. Er sieht immer fern.
E. Sie kann nicht schwimmen.
F. Er will seine Eltern besuchen.

7. Leni hat Angst vor Wasser.   G. Melanie ruft ihn nicht an.

8. Moritz fährt in die Türkei.   H. Sie muss heute nicht arbeiten.

3/ 밑줄 친 곳에 알맞은 동사를 <보기>에서 골라 문법에 맞게 고쳐 쓰세요.

보기

ankommen	aufstehen	fernsehen	mitnehmen
anrufen	ausmachen	mitkommen	umziehen
aufräumen	einladen		

1. HERR MÜLLER: Elias, aufwachen! Hast du nicht gestern gesagt, dass du heute um 7 Uhr ________?
   ELIAS: Ich bin aber noch so müde!
2. FRAU MÜLLER: Alex, jetzt aber Schluss! Ich ________ den Fernseher jetzt ______. Du wirst noch dumm, wenn du den ganzen Tag nur ________.
   ALEX: Aber, Mami, nur noch das Ende. Der Film ist doch gleich vorbei!
3. HANNA: Entschuldigen Sie bitte! Wann _______ der Zug aus Hamburg _____?
   BAHNANGESTELLTER: Um 14 Uhr 56.
4. ALEX: Hallo, Julian. Ich habe gehört, dass ihr bald eine neue Wohnung habt. Wann ________ ihr denn ____?
   JULIAN: Nächstes Wochenende.
5. LENIE: Hallo, Sofia. Ich habe morgen Geburtstag und ich möchte dich gern zu einer kleinen Feier ________.
   SOFIA: Das ist aber nett von dir. Ich komme gern.
6. CLAIRA: Hallo, Maya. Wo ist Jonas?
   MAYA: Er ist zu Hause. Er _______ heute sein Zimmer ______ und das dauert bei ihm immer etwas länger.
7. JULIAN: Hallo, Hanna. Ich fahre heute mit dem Auto zur Uni. Willst

du ________?

HANNA: Ja, gern. Schön, dass du mich ________.

8. ANNA: Hier ist meine Telefonnummer. Warum ________ du mich nicht mal ________!

LENA: Gut, das mach´ ich mal.

4/ 밑줄 친 곳에 알맞은 동사를 <보기>에서 골라 문법에 맞게 고쳐 쓰시오.

보기

aufstehen • aussehen • anziehen • entscheiden • verdienen • bestellen

1. Laura hat eine neue Arbeit gefunden. Sie ____ jetzt mehr Geld ___.
2. Bist du krank? Du ______ heute nicht gut _____.
3. Es ist sehr kalt. Maximilian, warum willst du nicht die warme Jacke ________?
4. Paul weiß nicht, was er will. Hoffentlich ______ er sich bald ____.
5. Wenn ich früh ________, mag ich kein Frühstück.
6. Wenn ich ins Cafe gehe, _____ ich meistens Tee mit Milch _____.

5/ 밑줄 친 곳에 알맞은 분리동사를 <보기>에서 골라 과거형으로 고쳐 쓰시오.

보기

abfahren • ankommen • aussteigen • einsteigen • umsteigen • weggehen

1. Frau Fischer ging wie jeden Morgen um halb acht weg.
2. Der Bus ________ um 7.40 Uhr ________.
3. Sie ________ in den Bus ________ und fuhr bis zum Terminal Ost.
4. Dort ________ sie wie immer in einen anderen Bus ________.

5. Der Bus ________ wie jeden Tag pünktlich um 8.20 bei der letzten Haltestelle _______.
6. Frau Fischer ________ dort ______. Aber heute war sie am falschen Ort.

6/ 밑줄 친 곳에 알맞은 동사의 과거분사형은?

1. Maximilian hat ein Buch ________ (bestellen).
2. Heute hat er ein Paket ________ (bekommen).
3. Maximilian hat ein Formular ________ (unterschreiben).
4. Er hat das Paket gleich ________ (auspacken). Aber es war das falsche Buch.
5. Deshalb hat Maximilian in der Buchhandlung ________ (anrufen).
6. Die Dame war sehr nett, sie hat sich ________ (entschuldigen).
7. Schon am nächsten Tag hat Maximilian das richtige Buch ________ (erhalten).

7/ 아래 질문에 현재완료형으로 답하시오.

1. Was hat er gesagt?
   ich / es / auch nicht / verstehen
   Ich habe es auch nicht verstanden.
2. Hast du mein Buch mitgebracht?
   leider nein / ich / es / vergessen Leider nein, ich ______________
3. Warum kommst du so spät?
   ich / heute / zu spät / aufstehen ______________________
4. Was habt ihr gestern gemacht?
   wir / noch kurz / ausgehen ______________________
5. Ist die Arbeit bald fertig?

wir / doch erst / beginnen ______________________

6. Wie war der Film?
er / mir / sehr gut / gefallen ______________________

8/ 주어진 낱말로 현재형 문장을 만드시오.

1. Ich / abschreiben / das Lied
2. Wir / kennenlernen / ihn
3. Wer / zumachen / das Fenster?
4. Sie / einladen / die Eltern
5. Die Schlüer / zuhören / der Lehrerin
6. Wann / stattfinden / der Musikunterricht / ?
7. Wann / abfahren / der Bus / ?

9/ 아래 문장들에서 분리 동사와 비분리 동사를 찾아보세요.

분리 동사	비분리 동사
ausziehen	...
...	...

1. Großvater Werner zieht aus der Wohnung von Tim aus.
2. Er zieht in die Wohnung von Cousin Jonas ein.
3. Meine Tante verkauft ihr Haus.
4. Sophia kauft oft im Lebensmittelladen der Familie Paul ein.
5. Das Gymnasium schließt man mit dem Abitur ab.
6. Frau Schwarz lässt sich zur Wahl des Elternbeirats aufstellen.
7. In Deutschland muss man für einen Kindergartenplatz bezahlen.
8. Wer soll die Eltern vertreten? Wen schlagen Sie vor?

9. Unsere Lehrerin beantwortet jede Frage.
10. Heute nehmen wir im Unterricht die trennbaren Verben durch.
11. Mach bitte das Radio aus!
12. Unser Vermieter verbietet die Haltung eines Hundes.
13. Wann zieht ihr um?

07 화법조동사

❖ 화법조동사의 인칭변화: 불규칙 변화한다.

		müssen	dürfen	wollen	möchten	mögen	können	sollen
단수	ich	muss	darf	will	möchte	mag	kann	soll
	du	musst	darfst	willst	möchtest	magst	kannst	sollst
	er, sie, es	muss	darf	will	möchte	mag	kann	soll
복수	wir	müssen	dürfen	wollen	möchten	mögen	können	sollen
	ihr	müsst	dürft	wollt	möchtet	mögst	könnt	sollt
	sie/Sie	müssen	dürfen	wollen	möchten	mögen	können	sollen

❖ 화법조동사의 위치

- 화법조동사를 가진 문장에서 본동사는 문장 끝에 위치하는 것이 일반적이며, 평서문에서 화법조동사는 문장 두 번째에 위치하고 정동사의 역할을 한다.

화법조동사		동사 부정형
Ich **muss**	meine Papiere	mitbringen.
↑	동사틀	↑
제2의 위치		후치

❖ 화법조동사의 의미

일반 동사가 행위나 동작을 나타낸다면, 화법조동사는 이 행위나 동작의 방식을 나타낸다. 말하자면 본동사의 의미를 변화시킨다.

Ich muss zur Agentur für Arbeit gehen. (필연)

Ich will zur Agentur für Arbeit gehen. (의도)

화법조동사	의미	예
müssen	필연	Ich muss meinen Pass verlängern.
	의무/책무	Der Arzt muss den Patienten versorgen.
dürfen	허락	Sie dürfen mit 18 den Führerschein machen.
nicht dürfen	금지	Sie dürfen hier nicht rauchen.
wollen	의도/의지	Sie will ein Geschäft eröffnen.
	요구	Ich will das wissen.
möchten	소원/소망	Das Kind möchte gern in den Zoo gehen.
mögen	소원/의사	Ich mag jetzt eine Pause machen.
können	능력	Ich kann Spanisch sprechen.
	가능성	Sie können sich hier anmelden.
sollen	임무	Wir sollen bis morgen fertig sein.
	(도덕적/종교적)	Du sollst nicht töten.
	규율/계명/금지령	

Wir dürfen dem Techniker helfen. We may help the technician.

Darfst du rauchen? Are you allowed to smoke?

Ich darf mir eine Zeitung nehmen.	I am allowed to take a newspaper.
Ihr dürft nicht bleiben.	You must not stay.
Musst du noch studieren?	Do you still have to study?
Ich muss nach Hause gehen.	I have to go home.
Werner kann gut singen.	Werner can sing well.
Du kannst nicht mitkommen.	You cannot come along.
Wir mögen es nicht sehen.	We don't want to see it.
Ich mag es auch hören.	I like to hear it also.
Wollt ihr bei uns bleiben?	Do you want to stay with us?
Ich will es nicht machen.	I don't want to do it.
Wir sollen etwas mitbringen.	We ought to take something along.
Du sollst die Wahrheit sagen.	You ought to tell the truth.

Mutti sagt, du sollst sofort nach Hause kommen.

Mom says you're supposed to come home immediately.

- 영어의 to have to와 must를 부정하면 의미상의 차이가 있다. 즉 not have to는 'no need to do'를 뜻하지만, must not은 강한 경고를 내포한다. 이러한 차이를 독일어는 nicht müssen과 nicht dürfen으로 각각 표현한다.

Du musst das nicht tun.	You don't have to do that./ You don't need to do that.
Du darfst das nicht tun.	You mustn't do that.

❖ möchten

- 무언가를 갖고 싶다는 소원을 말하거나, 상점이나 레스토랑에서 정중한 응대와 주문을 할 때 본동사 없이 단독으로 사용하는 경우가 많다.

Ich möchte eine Tasse Kaffee, bitte.

I'd like a cup of coffee, please.

Stefani möchte einen Computer zum Geburtstag.

Stefani would like a computer for her birthday.

▶ Was möchten Sie? What would you like?

◁ Ich möchte ein Bier. I'd like a beer.

연/습/문/제

1/ 주어진 낱말로 <보기>처럼 문장을 만드세요.

보기

Mein beste Freundin möchte einen Ring.

das Auto	der Koffer	die Rollerblades
der Computer	das Motorrad	die Sonnenbrille
der Fernseher	die Ohrringe	die Sportschuhe
die Hose	der Pullover	der Teppich
der Hund	das Radio	der Videorekorder
die Katze	der Ring	der Walkman

1. Ich ______________
2. Mein bester Freund / Meine beste Freundin ______________
3. Meine Eltern ______________
4. Mein Mitbewohner / Meine Mitbewohnerin und ich ______________
5. Mein Nachbar / Meine Nachbarin in der Klasse ______________
6. Mein Professor / Meine Professorin ______________
7. Mein Bruder / Meine Schwester ______________

2/ 주어진 낱말로 <보기>처럼 문장을 만드세요.

보기

Ich kann Deutsch. Oder Wir können Deutsch.

1. Deutsch	mein Freund / meine Freundin
2. Golf spielen	meine Eltern
3. Ski fahren	ich/wir
4. Klavier spielen	mein Bruder / meine Schwester
5. gut kochen	der Professor / die Professorin

보기

Gedichte schreiben → Kannst du Gedichte schreiben?
oder → Könnt ihr Gedichte schreiben?

1. Gedichte schreiben du
2. Auto fahren ihr
3. tippen
4. stricken
5. zeichnen

3/ 주어진 낱말로 <보기>처럼 문장을 만드세요.

보기

am Samstag / ich / wollen → Am Samstag <u>will</u> ich <u>Schlittschuh laufen</u>.

fernsehen	kochen	viel Geld verdienen
Golf spielen	nach Europa fliegen	Witze erzählen
Haare schneiden	schlafen	zeichnen
ins Kino gehen	Ski fahren	____________?

1. heute Abend / ich / wollen
2. morgen / ich / nicht können
3. mein Freund (meine Freundin) / gut können
4. am Samstag / mein Freund (meine Freundin) / wollen
5. mein Freund (meine Freundin) und ich / wollen
6. im Winter / meine Eltern (meine Freunde) / wollen
7. meine Eltern (meine Freunde) / gut können

4/ Emilia는 영어 성적이 좋지 않다. 무엇을 해야 하고, 무엇을 하지 말아야 하는지 주어진 구로 문장을 만드세요.

1. mit Julian zusammen lernen
2. viel fernsehen
3. in der Klasse aufpassen und mitschreiben
4. jeden Tag tanzen gehen
5. jeden Tag ihren Wortschatz lernen
6. amerikanische Filme im Original sehen
7. ihren Englischlehrer zum Abendessen einladen
8. für eine Woche nach London fahren
9. fleißig die englische Grammatik lernen

5/ 밑줄 친 곳에 알맞은 화법조동사는?

können • wollen • müssen • sollen • dürfen

1. ALEX: Hallo, Lara. Paul und ich gehen ins Kino. ______ du nicht mitkommen?
   LARA: Ich ______ schon, aber leider ______ ich nicht mitkommen. Ich ______ arbeiten.
2. LUKAS: Vati, ______ ich mit Max fischen gehen?
   HERR SCHNEIDER: Nein! Du hast eine F in Physik, eine F in Latein und eine F in Englisch. Du ______ zu Hause bleiben und deine Hausaufgaben machen.
   LUKAS: Aber, Vati! Meine Hausaufgaben ______ ich doch heute Abend machen.
   HERR SCHNEIDER: Nein, aber du ______ zu Max gehen und dann ______ ihr eure Hausaufgaben zusammen machen

3. LILLY: Hallo, Moritz. Frau Hoffmann sagt, du ______ morgen in ihre Sprechstunde kommen.
MORITZ: Morgen ______ ich nicht, ich habe keine Zeit.
LILLY: Das ______ du Frau Hoffmann schon selbst sagen. Bis bald.

6/ 주어진 낱말로 문장을 완성하시오.

Frau Weber ist krank. Sie hat Halsschmerzen.

1. sie / zum Arzt / gehen / müssen
2. sie / fast nicht / sprechen / können
3. sie / beim Arzt / lange / warten / müssen
4. Frau Weber, Sie / nicht / arbeiten / dürfen
5. Sie / drei Tage / im Bett / bleiben / müssen
6. Sie / wenig / sprechen / sollen

7/ 지난 주말에 무슨 일이 있었는지 Bauer씨가 얘기하는 내용입니다. 밑줄 친 곳에 알맞은 화법조동사 과거형을 적으시오.

Am Samstag wollten(1) wir lange schlafen. Aber wir ______(2) nicht ausschlafen, weil die Nachbarn so laut waren. Ich ______(3) in der Bäckerei frische Brötchen holen, aber das Geschäft war zu. Deshalb ______(4) ich zum Supermarkt fahren. Aber die Straße war gesperrt, man ______(5) nicht weiter fahren.

8/ 밑줄 친 곳에 알맞은 화법조동사 („können“, „dürfen“, „müssen“)를 채우시오.

1. Möchten Sie noch Wein? – Nein danke, ich darf nichts mehr trinken, ich muss noch Auto fahren.

2. Was trinken Sie? - _______ ich ein Mineralwasser haben, bitte?

3. Amelie ist noch nicht da. - Sie hat angerufen, sie _______ nicht kommen.

4. Anna und Felix haben frei, sie _______ lange beim Fest bleiben.

5. Und ihr? Habt ihr morgen auch frei oder _______ ihr arbeiten?

6. Es ist noch nicht so spät. _______ Sie wirklich schon gehen?

7. Die Kinder sind allein zu Hause. Wir _______ nicht zu spät heim kommen.

9/ 아래 그림은 무엇을 뜻합니까? 그림에 맞는 문장을 만드시오.

1. nicht telefonieren

2. über die Straße gehen

3. kein Eis essen

4. spielen

5. stehen bleiben

10/ Clara는 취업 인터뷰를 앞두고 있다. 가족이나 지인들이 그녀가 어떻게 해야 하는지 충고하고 있는데 화법조동사 „sollen"을 사용하여 문장을 다시 표현해보시오.

1. Mutter: „Zieh etwas Schönes an."

2. Vater: „Komm nicht zu spät zu dem Termin."

3. Bruder: „Trink keinen Kaffee am Morgen."

4. Schwester: „Geh heute früh ins Bett."

5. Freundin: „Ruf mich sofort nach dem Gespräch an."

6. Oma: „Stell selber auch Fragen."

7. Opa: „Sei einfach ganz natürlich."

11/ 의미에 맞도록 연결하시오.

1. Henry kann nicht schwimmen. _______
2. Leon ist drei und kann schon Rad fahren. _______
3. Jakob darf am Computer spielen. _______
4. Elias darf nicht Auto fahren. _______
5. Alex kann heute mit seiner Mutter einkaufen gehen. _______
6. Jonas kann nicht zu seinem Freund gehen, er ist krank. _______

A. Er hat nicht schwimmen gelernt.

B. Die Eltern haben ihm erlaubt, am Computer zu spielen.

C. Seine Mutter hat Zeit dafür.

D. Es ist nicht möglich, dass er zu seinem Freund geht.

E. Es ist verboten, weil er keinen Führerschein hat.

F. Er ist fähig, Rad zu fahren.

08 명령형

❖ 명령형 문장은 '명령', '지시', '요청'을 표현한다.

세 가지 유형의 대화 상대자(Sie, ihr, du)가 있는 만큼 세 가지 명령형이 있다. 명령형 문장은 문장 내 또는 문장 끝에 흔히 Bitte가 오거나, doch (영어 why don't you?)를 사용하여 명령을 부드럽게 하며 감탄부호(!)를 사용한다.

❖ du에 대한 명령: 동사 어간만으로 만들며 (부정형 어미 -en 탈락), 친구, 친인척, 동료 학생 등 친근한 사이에서 사용한다.

Frag deinen Vater!	Ask your father.
Komm mit deinem Bruder bitte!	Come with your brother, please.
Gudrun, bitte kauf die Kamera!	Gudrun, please buy the camera.
Trink doch Wasser!	Why don't you drink water?
Such das Bild bitte!	Look for the picture, please.
Geh ins Zimmer!	Go into the room.
Öffne bitte das Fenster!	Open the window, please.

❖ Sie에 대한 명령: 부정형 동사 + Sie로 만들며, 공손하고 정중한 명령(요청)형이다.

Kommen Sie!	Come.
Bitte parken Sie hier!	Please park here.

Rauchen Sie bitte nicht! Please don't smoke.

Antworten Sie doch! Why don't you answer?

Herr Müller, erzählen Sie die Geschichte bitte!
Mr. Müller, tell the story, please.

Meine Herren, nehmen Sie bitte nichts!
Gentlemen, please don't take anything.

❖ ihr에 대한 명령: ihr의 동사 현재인칭형으로만 만든다.

Macht die Aufgaben! Do your homework.

Lest doch den Roman! Why don't you read the novel?

Bitte holt die Bücher! Please get the books.

Öffnet bitte das Fenster! Please open the window.

Sprecht langsamer bitte! Talk slower, please.

Kommt doch am Abend! Why don't you come in the evening?

❖ 부정형 동사어미가 -d, -t, -dn, -tm, -chn, -fn, -gn으로 끝나는 동사는 du-명령형에서 -e를 덧붙인다.

Öffne die Tür! Open the door.

Entschuldige bitte! Excuse me, please.

Antworte bitte! Answer, please.

Wende es! Turn it.

Atme regelmäßig! Breathe normally.

❖ 부정형 동사어미가 -eln으로 끝나는 동사는 -ln 앞의 e는 생략하고 -e를 덧붙인다.

Klingle nicht!	Don't ring.
Lächle doch!	Why don't you smile.
Behandle das Kind!	Treat the child.

❖ 부정형 동사어미가 -ern으로 끝나는 동사는 -e를 덧붙인다.

Ändere nichts!	Don't change anything.
Füttere die Katze!	Feed the cat.
Wandere nicht!	Don't hike.

❖ 현재인칭변화형에서 어간모음이 e가 i/ie로 바뀌는 강변화동사는 du-명령형에서도 어간모음이 동일하게 바뀐다.

Gib Gisela den Brief!	Give the letter to Gisela.
Hilf uns!	Help us.
Iss die Suppe!	Eat your soup.
Sprich langsamer!	Speak more slowly.
Lies doch das Buch!	Why don't you read the book?
Nimm nichts!	Don't take anything.

❖ 현재인칭변화형에서 어간모음이 a(u)가 ä(u)로 바뀌는 강변화동사는 du-명령형에서는 변모음으로 바뀌지 않는다.

(du) fährst → Fahr!	Drive!
(du) läufst → Lauf!	Run!

❖ haben, sein, werden, wissen의 명령형

Hab!	Haben Sie!	Habt!
Sei!	Seien Sie!	Seid!
Werde!	Werden Sie!	Werdet!
Wisse!	Wissen Sie!	Wisst!

❖ 영어의 let's 청유형 표현은 복수 1인칭형인 wir를 사용한다.

Singen wir!	Let's sing.
Gehen wir!	Let's go.
Fahren wir mit dem Auto!	Let's go by car.

❖ 비인칭 명령형: 공공 영역에서 지시하는 비인칭 명령형은 부정형 동사를 이용해 만들고 감탄부호는 사용하지 않는다.

Bitte anschnallen.	Please fasten your seat belts.
Rechts fahren.	Drive on the right side.
Nicht aufstehen.	Do not get up.
Einfahrt freihalten.	Keep the driveway clear.

1/ 주어진 동사를 이용하여 ihr-명령형 문장으로 만드시오.

보기

beeilen • warten • sein • schauen • aufpassen

1. Der Bus fährt gleich. ______ euch, bitte.
2. Es ist zu laut. ______ leise.
3. Paul möchte auch mit. ______ noch einen Moment.
4. Die Straße ist gefährlich. ______ immer links und rechts!
5. ______, dass ihr nichts kaputt macht.

2/ 주어진 동사를 이용하여 명령형 문장으로 만드시오.

1. Frau Schmitz, ______(nehmen) bitte Platz!
2. Luis, ______ (warten) bitte auf mich!
3. Kinder, ______ (machen) doch nicht so einen Lärm!
4. Oskar, ______ (holen) bitte deine Tasche.
5. Herr Werner, bitte ______(vergessen) unseren Termin nicht.
6. Lena, ______(sprechen) ein bisschen lauter, bitte!
7. Lena und Moritz, ______(schlafen) gut!
8. Moritz, ______(laufen) nicht so schnell!

3/ 밑줄 친 곳에 주어진 동사를 명령형 동사로 바꾸시오.

Wenn du mit dem Auto kommst, dann ______ (nehmen) die Hildastraße. ______ (bleiben) auf der Hildastraße bis zur Kreuzung Vogelgasse. ______ (fahren) dort links, bis zur Brücke, ______ (gehen) über die Brücke, da darf man nicht fahren. ______ (lassen) das Auto am besten bei der Brücke stehen.

Wenn ihr mit dem Bus fahrt, dann ______ (nehmen) die Linie C Richtung Audorf. ______ (aussteigen) beim Gasthof Hirschen ______. ______ (gehen) von dort die Waldgasse bis zu einem roten Haus. _______ (achten) auf ein Schild links, „Zugang Rehgasse“.

4/ 그림과 문장을 연결하시오.

Nehmen Sie einen Stift!	Schreiben Sie „Tschüs“!
Sagen Sie „Guten Tag“!	Öffnen Sie das Buch!
Schauen Sie an die Tafel!	Hören Sie zu!
Schließen Sie das Buch!	Geben Sie mir die Hausaufgabe!

1. Paul 2. Anna 3. Maya 4. Sara

5. Alex 6. Jakob 7. Moritz 8. Hanna

5/ <보기>처럼 뜻이 통하도록 문장을 서로 연결하시오.

보기

PAUL: Ich vergesse alles.(I)
LINA: Schreib es dir auf.(e)

1. Ich vergesse alles.	A. Treib Sport!
2. Ich sehe den ganzen Tag fern.	B. Trink Cola!
3. Ich arbeite zu viel.	C. Lies ein Buch!
4. Ich bin zu dick.	D. Mach eine Pause!
5. Ich trinke zu viel Kaffee.	E. Schreib es dir auf!
6. Ich esse zu viel Eis.	F. Fahr Fahrrad!
7. Mein Pullover ist alt.	G. Iss lieber Joghurt!
8. Ich koche nicht gern Italienisch.	H. Lade deine Freunde ein!
9. Das Wochenende ist langweilig.	I. Kauf dir einen neuen Pullover!
10. Ich fahre nicht gern Auto.	J. Koch Chinesisch!

6/ <보기>처럼 명령형 문장을 만드시오.

보기

Ihr kleiner Bruder isst zu viel. → Iss nicht so viel!

1. Ihr kleiner Bruder schläft den ganzen Tag.
2. Er liegt den ganzen Tag in der Sonne.
3. Er vergisst seine Hausaufgaben.
4. Er liest seine Bücher nicht.
5. Er sieht den ganzen Tag fern.
6. Er trinkt zu viel Cola.
7. Er spricht mit vollem Mund.

8. Er trägt seine Brille nicht.
9. Er geht nie spazieren.
10. Er treibt keinen Sport.

7/ <보기>처럼 주어진 구로 명령형 문장을 만드시오.

보기

deinen Eltern einen Brief / schreiben → Schreib deinen Eltern einen Brief.

1. heute ein T-Shirt / tragen
2. keine laute Musik / spielen
3. den Wortschatz / lernen
4. deine Freunde / anrufen
5. nicht allein im Park / laufen
6. nicht zu lange in der Sonne / liegen
7. dein Zimmer / aufräumen
8. heute Abend in einem Restaurant / essen
9. nicht zu spät ins Bett / gehen
10. früh / aufstehen

8/ <보기>처럼 뜻이 통하도록 주어진 문장 또는 구로 대화문을 만드시오.

보기

S1: Ich sehe nicht mehr gut.
S2: Geh zum Augenarzt! / Kauf dir eine neue Brille!

1. Es ist kalt.
2. Es ist heiß.

A. sich einen Pullover anziehen
B. sich nicht ärgern

3. Es regnet.
4. Mein Auto ist kaputt.
5. Ich bin blass.
6. Meine Haare sind nass.
7. Meine Fingernägel sind zu lang.
8. Ich habe Hunger.
9. Ich bin so wütend.
10. Ich bin so müde.

C. sich ausruhen
D. sich die Jacke ausziehen
E. mit dem Bus fahren
F. sich föhnen
G. den Regenschirm mitnehmen
H. sich schneiden
I. sich sonnen
J. etwas essen
K. ________?

9/ 주어진 구로 <보기>처럼 명령형 문장을 만드시오.

보기

Frau Schmidt: Elias und Emil / Zimmer aufräumen →
Elias und Emil, räumt euer Zimmer auf!

1. Herr Schmidt: Elias und Emil / nicht so laut sein
2. Frau Zimmermann: Moritz und Marie / pünktlich sein
3. Frau Schmidt: Tim / nicht so viel rauchen
4. Herr Wolf: Hanna / mehr Obst essen
5. Herr Meier: Herr Koch / nicht so schnell fahren
6. Moritz: Frau Meier / an der Ecke warten
7. Frau Hoffmann: Lena und Sophia / nicht ungeduldig sein
8. Herr Walter: Alex und Lina / Vater von mir grüßen
9. Frau Braun: Felix / sich waschen und sich die Zähne putzen
10. Oma Lehmann: Hanna und Luis / jeden Tag die Zeitung lesen

10/ 밑줄 친 곳에 알맞은 동사를 <보기>에서 골라 문법에 맞게 고쳐 쓰시오.

보기

helfen • sprechen • warten • machen • vergessen

1. FRAU BRAUN: Ich sitze jetzt schon wieder seit sechs Stunden vor dem Computer.
   HERR BRAUN: Du arbeitest zu viel. ______ mal eine Pause.
2. HERR SCHWARZ: ______ bitte lauter, ich verstehe Sie nicht.
   MARIE: Ja, wie laut soll ich denn sprechen? Wollen Sie, dass ich schreie?
3. MORITZ: Na, was ist? Kommen Sie nun oder kommen Sie nicht?
   FRAU KRAUSE: Ich bin ja gleich fertig. Bitte ______ doch noch einen Moment.
4. HENRY: Kann ich mit euch zum Schwimmen gehen?
   JAN: Ja, komm und ______ deine Badehose nicht.
5. OMA LEHMANNZ: ______ mir bitte, ich kann die Koffer nicht allein tragen.
   HANNA UND LUIS: Aber natürlich, Großmutter, wir helfen dir doch gern.

11/ 명령형 문장을 만드시오.

1. sich beeilen (ihr) Der Bus fährt gleich. Beeilt euch!
2. sich setzen (Sie) Schön, dass Sie da sind. ___________.
3. sich ausruhen (du) Du siehst müde aus. ___________.
4. sich entscheiden (du) Was willst du jetzt? ___________.
5. sich entspannen (Sie) Es tut nicht weh. ___________.
6. sich verabschieden (ihr) Kinder, wir müssen gehen. _______.

12/ 명령형 문장을 만드시오.

1. weitergehen (Sie) Gehen Sie bitte weiter!
2. schließen (du) __________ die Tür, bitte!
3. aufmachen (ihr) Bitte __________ das Fenster ______!
4. vergessen (Sie) Bitte __________ mein Buch nicht!
5. warten (ihr) __________ nocht kurz, dann bin ich auch fertig!
6. unterschreiben (Sie) ____________ bitte hier!
7. aufhören (du) Das ist zu laut, ________ bitte _____ damit!

13/ 명령형 문장을 만드시오.

	„du"	„ihr"
1. sich warm anziehen	Zieh dich warm an!	Zieht euch warm an!
2. eine Mütze aufsetzen	________________	________________
3. sich viel bewegen	________________	________________
4. täglich spazieren gehen	________________	________________
5. viel Tee trinken	________________	________________

14/ „Sie"-형의 명령형 문장을 만드시오.

1. Das Gemüse waschen und putzen. Waschen und putzen Sie das Gemüse.
2. Die Zwiebel fein schneiden. ______________________
3. Zwiebel kurz in Butter anbraten. ______________________
4. Das geschnittene Gemüse dazugeben. ______________________
5. Einen 1/2 Liter klare Suppe aufgießen. ______________________
6. Mit Salz, Pfeffer und Thymian würzen. ______________________

15/ <보기>처럼 명령형 문장을 만드시오.

1. Könnt ihr bitte damit aufhören? <u>Bitte hört damit auf!</u>
2. Kannst du mich am Abend anrufen? ______________________
3. Können Sie das wiederholen, bitte? ______________________
4. Gibst du mir mal das Brot? ______________________
5. Können Sie mich vom Hotel abholen? ______________________
6. Können Sie mir eine E-Mail schicken? ______________________

09 수, 날짜, 시간

기수	서수 (1-19 **-te;** 20- **-ste**)
eins	erste
zwei	zweite
drei	dritte
vier	vierte
fünf	fünfte
sechs	sechste
sieben	siebte
acht	achte
neun	neunte
...	
neunzehn	neunzehnte
zwanzig	zwanzigste
einundzwanzig	einundzwanzigste
zweiundzwanzig	zweiundzwanzigste
...	
dreißig	dreißigste
vierzig	vierzigste
...	
hundert	hundertste

❖ 유의해야 할 주요 내용

- 1-19의 서수는 기수에 **-te**를 붙이고, 20 이상은 기수에 **-ste**를 붙인다. erste, dritte, siebte, achte는 예외이다.

- sechs — sechzehn, sieben — siebzehn, siebzig

- Eins — **ein**undvierzig (ein 다음에 und가 연결될 때)
  — hundert**eins**, tausend**eins** (eins가 끝에 올 때)

345 890	dreihundertfünfundvierzigtausendachthundertneunzig
1000 000	eine Million
2000 000	zwei Millionen
1000 000 000	eine Milliarde
1000 000 000 000	eine Billion (vs. 영어의 billion은 1,000 millions)

- 서수는 통상 형용사 용법으로 사용하기 때문에 어미 -e/-en이 붙는다.

- Welches Datum ...?이란 질문에는 der + -e 구를 사용하고, Wann ...?이라는 질문에는 am + -en 구를 사용하여 답한다.

Welches Datum ist heute	What is today's date?
Heute ist der achtzehnte April.	Today is October eighteenth.
Wann sind Sie geboren?	When were you born?
Am achtzehnten Mai 1994.	On the eighteenth of May 1994.

서수를 아라비아 숫자로 표기할 때는 반드시 마침표가 필요하다.

am zweiten Juni	on the second of June
am 2. Juni	on the 2nd of June

❖ 수치 및 가격

2,3	zwei komma drei	(vs. 영어 2.3)
4,45	vier komma fünfundvierzig	(vs. 영어 4.45)
1,00 ₡	ein Euro	

❖ 서수

1격: Wilhelm 1. Wilhelm der Erste
Wilhelm 1. (der Erste) wohnte hier.

4격: Wilhelm 1. Wilhelm den Ersten
Er kämpfte gegen Wilhelm 1. (den Ersten)

3격: Wilhelm 1. Wilhelm dem Ersten
Das Schloss gehörte Wilhelm 1. (dem Ersten)

2격: Wilhelm 1. Wilhelm des Ersten
Wo ist die Krone Wilhelms 1. (des Ersten)?

❖ 분수: 서수+el

	명사적 용법	형용사적 용법
1/3	ein Drittel	ein drittel
1/4	ein Viertel	ein viertel
1/5	ein Fünftel	ein fünftel

3/4	drei Viertel	dreiviertel
5/6	fünf Sechstel	fünf sechstel
$10\frac{1}{3}$		zehn eindrittel
1/2	die (eine) Hälfte	halb

Ein Viertel der Klasse ist abwesend.
One-quarter of the class is absent.

Er hat ein Drittel des Kuchens gegessen.
He ate one-third of the cake.

Ich habe drei Viertel des Schatzes.
I have three-quarters of the treasure.

Wir brauchen ein viertel Pfund Butter.
We need one-quarter pound of butter.

Es wiegt dreiviertel Pfund.
It weights three-quarter pounds.

Wir müssen noch fünf einzehntel Kilometer gehen.
We still have to walk five and one-tenth kilometers.

Er hat eine halbe Stunde gewartet.
He waited for a half hour.

Ich trinke nur ein halbes Glas.
I only drink half a glass.

Sie gibt dir eine Hälfte.
She is giving you one-half.

- 분수를 형용사 용법으로 사용할 때는 형용사 어미가 붙지 않는다.

- 3/4을 형용사 용법으로 사용할 때는 dreiviertel로 붙여 쓰기도 한다.

- halb의 형용사 용법에서는 형용사 어미가 필요하다.

- 1½은 여러 방식의 표기가 가능하다: eineinhalb Pfund / anderthalb Kilo / ein und ein halbes Gramm.

❖ 날짜, 달, 계절

- 요일, 하루의 어느 때를 말할 때 축약형인 am을 사용한다. 다만 특별한 날을 강조할 경우 an dem (on that)을 사용할 수 있다.

Am Sonntag haben wir keine Schule.	We don't have school on Sunday.
Er kommt am Dienstag.	He arrives on Tuesday.
Sie war an dem Montag hier.	She was here on that Monday.

- 월, 계절을 말할 때 축약형인 im을 사용한다. 다만 특별한 달이나 계절을 강조할 경우 in dem (in that)을 사용할 수 있다.

Ich habe im Juli Geburtstag.	My birthday is in July.
Im August haben wir Sommerferien.	We have our summer vacation in August.
Im Winter ist es sehr kalt.	It is very cold in winter.
Er kam in dem Herbst.	He came (in) that fall.

- 년·월·일은 정관사와 함께 표현한다. 숫자 다음의 마침표는 그 숫자가 서수임을 말하고 형용사 어미가 붙는다.

Der wievielte ist heute?	What is today's date?
Heute ist der 1. (erste) Mai 2017.	Today is May 1, 2017.

Den wievielten haben wir heute?	What is today's date?
Heute haben wir den 5. (fünften) Juni 2017.	Today is June 5, 2017.
Wann hast du Geburtstag?	When is your birthday?
Ich habe am 4. (vierten) Juli Geburtstag.	My birthday is July 4.
Ich komme am 6. (sechsten) März an.	I'll arrive March 6.

Ich komme am Montag, dem 10. (zehnten)
I'll arrive on Monday, August 10. August an.

● 독일어에서 sein + geboren은 그 사람이 아직 생존해 있음을 말해주고, wurde + geboren은 그 사람이 이미 작고했음을 말해준다.

Wann ist sie geboren?	When was she born? (그녀는 아직 생존해 있다)
Sie ist 1950 geboren.	She was born in 1950.
Wann wurde er geboren?	When was he born? (그는 작고했다)
Er wurde 1710 geboren.	He was born in 1710.

● 특정한 년도(年度)를 지시할 때 전치사가 필요 없지만, 숫자 앞에 Jahr(e)가 오면 im을 사용한다.

Der Krieg war 1918 vorbei.	The war was over in 1918.
Er schrieb es im Jahre 1935.	He wrote it in the year 1935.

● 편지 머리에 날짜를 달 때 정관사의 4격인 den을 앞에 쓰고, 날짜 앞에는 편지를 쓴 장소를 표기한다.

München, den 14. (vierzehnten) Juni 2011	June 14. 2011
Bonn, den 20. November 2005	November 20. 2005

● 독일어는 영어와 달리 날짜의 첫 숫자는 일(日), 두 번째 숫자는 월(月)을 나타낸다.

Köln, den 9.3.1988	3/9/1988
Sie starb am 22.12. 1954.	She died 12/22/1954.
Wir kommen am 13.8.2009 an.	We'll arrive 8/13/2009.

❖ 시간

● 영어 at ... o'clock에 상응하는 독일어 표현은 um ... Uhr이다.

▶ Um wieviel Uhr bist du dort?	At what time are you there?
◁ Ich bin um 10 Uhr dort.	I am there at 10 o'clock.
▶ Wann beginnt der Unterricht?	When does the class start?
◁ Um neun Uhr.	At nine o'clock.

Der Bus geht um vierzehn Uhr vierundzwanzig.
The Bus leaves at two twenty-four p.m.

● Wie viel Uhr ist es? / Wie spät ist es?에 대한 대답

1:00	Es ist eins (ein Uhr).
3:00	Es ist drei (Uhr).
3:05	Es ist fünf (Minuten) nach drei.
3:15	Es ist (ein) Viertel nach drei.
3:20	Es ist zwanzig (Minuten) nach drei.
	Es ist zehn vor halb vier.
3:30	Es ist halb vier.
3:35	Es ist fünf nach halb vier.

3:45	Es ist (ein) Viertel vor vier.
	Es ist drei Viertel vier.
3:50	Es ist zehn (Minuten) vor vier.
12:00	Es ist zwölf Uhr (mittags).
12:00	Es ist zwölf Uhr (mitternachts).

- 오후 시간인지, 오전 시간인지 등을 분명하게 표현하기 위해 vormittags, nachmittags, abends, nachts 등을 덧붙여 쓰기도 한다.

- 일상생활에서는 Uhr, Minuten 등은 반드시 표현할 필요가 없다.

- 열차, 공항, 방송 등에서의 공식적 시간 표현은 24시간 체제로 말한다. Uhr는 항상 표현해야 하고, Minuten은 생략해도 된다.

자정	vierundzwanzig Uhr
12:20 a.m.	null Uhr zwanzig
1:00 a.m.	ein Uhr
3:30 a.m.	drei Uhr dreißig
11:15 a.m.	elf Uhr fünfzehn
12:20 p.m.	zwölf Uhr zwanzig
1:00 p.m.	dreizehn Uhr
2:40 p.m.	vierzehn Uhr vierzig
8:00 p.m.	zwanzig Uhr

- 하루를 구분하는 주기 표현은 영어의 in/at에 상응하는 전치사인 am(an dem)이 앞에 온다.

am Morgen　　　　in the morning

am Vormittag	in the forenoon (morning)
am Mittag	at noon
am Nachmittag	in the afternoon
am Abend	in the evening
예외 in der Nacht	at night

Ich gehe am Nachmittag gern spazieren.
I like to take a walk in the afternoon.

Wir besuchen dich am Abend. We'll visit you in the evening.

Wo bist du in der Nacht? Where are you at night?

- 시간 부사가 통상적이고 습관적인 행위를 나타낼 경우는 요일 명칭과 하루 주기에 -s를 붙이고 소문자로 표기한다.

Wir gehen dienstags zum Kegeln. We go bowling on Tuesdays.

Ich bin vormittags zu Hause. I am home in the morning.

- 다음 시간 부사들은 단독으로 사용될 때 소문자로 표기한다.

heute	today
morgen	tomorrow
übermorgen	the day after tomorrow
gestern	yesterday
vorgestern	the day before yesterday
heute morgen	this morning
gestern abend	last night
morgen nachmittag	tomorrow afternoon

Wir haben gestern nachmittag Tennis gespielt.

We played tennis yesterday afternoon.

4격의 시간 표현은 일정한 시간이나 시간의 지속성을 나타낸다.

Ich gehe jeden Tag zur Arbeit	I go to work every day.
Letzten Sommer war ich in Deutschland.	I was in Germany last summer.
Diesen Monat ist er zu Hause.	He is home this month.
Wir bleiben ein ganzes Jahr.	We'll stay one entire year.

영어의 someday (night, morning 등)는 미래의 부정확한 시간을 의미할 때, one day (night 등)는 과거의 부정확한 시간을 의미할 때 사용하지만, 독일어에서 2격 시간 표현은 과거와 미래의 구분 없이 불명확한 시간을 표현한다. Nacht는 여성명사이지만 eines Nachts라는 표현을 사용한다.

Eines Tages erzählte sie die Geschichte.	One day she told the story.
Ich zeige es dir eines Tages.	I'll show it to you someday.

Eines Abends brachte er das Auto.

He brought the car one evening.

Ich traf ihn eines Nachts im Park.

I met him in the park one night.

1/ <보기>처럼 시계를 보고 시간을 말하시오.

보기

→ Es ist acht Uhr.

1 

2 

3 

4 

5 

6 

7 

8 

2/ 다음 질문에 답하시오.

1. Welches Datum ist heute?
2. Welches Datum ist morgen?
3. Wann feiert man Weihnachten?
4. Wann feiert man den Nationalfeiertag in Korea?
5. Wann feiert man das neue Jahr?
6. Wann feiert man Valentinstag?
7. Wann ist dieses Jahr Muttertag?
8. Wann ist nächstes Jahr Ostern?
9. Wann beginnt der Frühling?
10. Wann beginnt der Sommer?

3/ 밑줄 친 곳에 정확한 서수를 적으시오.

1. Wir wohnen im (8.) __________ Stock.
2. Ich habe ein (2.) __________ Haus gekauft.
3. Das ist seine (4.) __________ Frau.
4. Ich bin der (1.) __________.
5. Er wohnt in der (3.) __________ Straße links.
6. Heinrich (VIII.) __________ hatte viele Frauen.
7. Sie kommen jede (5.) __________ Woche.
8. Wann regierte Friedrich (I.) __________?
9. Er lebte in der Zeit Ludwig (XV.) __________.
10. Wir besuchen ein Schloss von Ludwig (II.) __________.

4/ 다음 영어 문장을 독일어로 옮기시오.

1. His birthday is January 20.
2. Today is October 13, 2017.
3. I'll arrive Freiday, March 9.
4. He died in 1970.
5. In the year 2001.
6. She was born April 4, 1966. (She is still alive)
7. He was born in 1822. (he is dead)

5/ 밑줄 친 곳에 알맞은 독일어 표현을 적으시오.

1. Er kommt _____ __________. (in the morning)
2. _____ __________ trinken wir Tee. (in the afternoon)

3. ______ __________ schlafen wir. (at night)

4. Wir treffen ihn ______ __________. (at noon)

5. Ich mache es ______ __________. (in the evening)

6/ 아래 <보기>에 따라 습관적인 행위로 표현하시오.

보기

Kommst du am Montag an? → Ja, ich komme immer montags an.

1. Bist du am Abend hier?
2. Hast du am Sonntag Zeit?
3. Gehst du am Mittwoch mit?
4. Schreibst du am Nachmittag?
5. Fährst du am Morgen zur Schule?

7/ 다음 영어 문장을 독일어로 옮기시오.

1. He is coming tomorrow evening.
2. He was home yesterday afternoon.
3. Otto, did you sleep last night?
4. They are coming the day after tomorrow.
5. She departed this morning.
6. He is coming tomorrow afternoon.

8/ 밑줄 친 곳에 알맞은 어미를 넣으세요.

1. Ich bleibe ein__ Tag dort.
2. Letzt__ Herbst war ich in Deutschland.

3. Dies__ Woche bleibe ich dort.

4. Er arbeitet d__ ganz__ Abend.

5. Er trinkt jed__ Stunde Kaffee.

6. Wir singen ein__ ganz__ Stunde lang.

7. Er war vor ein__ Woche in Kanada.

8. Wo war er in jen___ Nacht?

9/ 밑줄 친 곳에 영어에 상응하는 독일어 표현을 적으시오.

1. Ich werde dich ______ ________. (someday)

2. Sie wird ______ ________. (some night)

3. Er brachte es ______ ________. (one evening)

4. Ich besuchte sie ______ ________. (one afternoon)

5. Sie wird es ______ ________ lesen. (one morning)

10 현재완료형

◉ 독일의 일상생활 대화에서 과거를 표현할 때 과거형보다는 현재완료형을 더 많이 사용한다. 이를 "대화식 과거"라고도 한다.

● Was hast du letzten Sonntag gemacht?

○ Ich war mit Jutta in Bernkastel.

● Habt ihr jemand getroffen?

○ Ja, wir haben ihren Bruder getroffen und haben zusammen eine Radtour gemacht.

● Seid ihr weit gefahren?

○ Ja, aber ich wurde schon nach einer Stunde müde.

● Habt ihr nicht gerastet?

○ Doch, endlich sind wir zu einem Rasthaus gekommen, wo wir uns ein gutes Essen bestellt haben ...

◉ 과거형은 과거에 일어났던 일련의 사건을 이야기하거나 보고할 때 주로 사용한다. 이를 "이야기식 과거"라고도 한다.

"Ich war letzten Sonntag mit Jutta in Bernkastel. Wir trafen dort ihren Bruder und machten zusammen eine Radtour. Ich wurde schon nach einer Stunde müde. Endlich kamen wir zu einem Rasthaus, wo wir uns ein gutes Essen bestellten ..."

◉ 과거형은 접속사 während/als가 이끄는 종속절을 가지는 복합문에서 두 개의 행위가 동시에 일어난 것을 표현할 때 사용하기도 한다.

Sie trank Kaffee, als er ins Zimmer kam.

Er las einen Roman, während ich studierte.

❖ 현재완료형: haben/sein + 과거분사형

haben 현재완료형

	haben		과거분사	부정형
Ich	**habe**	meine Tochter	**gesucht.**	suchen
Du	**hast**	nichts	**gesagt.**	sagen
Er/Sie/Es	**hat**	mich	**gefragt.**	fragen
Wir	**haben**	uns	**gewundert.**	wundern
Ihr	**habt**	alles	**gewusst.**	wissen
Sie	**haben**	Glück	**gehabt.**	haben

☛ 조동사 haben이 제2의 위치에 오고, 과거분사형인 본동사는 후치하여 동사틀을 이룬다.

❖ haben 혹은 sein?

대부분의 동사는 haben과 함께 현재완료형을 만든다. 다만 다음과 같은 경우에는 **sein**과 함께 현재완료형을 만든다.

1) 직접목적어를 취할 수 없는 자동사이고, 장소 또는 상태의 변화를 가져오는 동사.

2) sein, bleiben, werden 동사.

sein 현재완료형

	sein		과거분사	부정형
Ich	**bin**	glücklich	**gewesen**.	sein
Du	**bist**	Vater	**geworden**.	werden
Er/Sie/Es	**ist**	in den Kindergarten	**gegangen**.	gehen
Wir	**sind**	zusammen in Urlaub	**gefahren**.	fahren
Ihr	**seid**	zu Hause	**geblieben**.	bleiben
Sie	**sind**	nach Deutschland	**gekommen**.	kommen

— ankommen, aufstehen, bleiben, einsteigen, fahren, gehen, kommen, schwimmen, sterben, sein ...

Ich **bin aufgestanden**.	I got out of bed.
Heidi **ist** ins Kino **gegangen**.	Heidi went to the movies.
Gestern **bin** ich zu Hause **geblieben**.	Yesterday I stayed home.

❖ 동사 과거형 및 과거분사형

규칙변화형

부정형	과거형	과거분사형	비고
lernen	lern**te**	**ge**lern**t**	**ge**+동사어간+**-(e)t**
einkaufen	kauf**te** ein	ein**ge**kauf**t**	분리전철+**-ge-**+동사어간+**-(e)t**
verkaufen	verkauf**te**	verkauf**t**	비분리전철+동사어간+**-(e)t**
studieren	studier**te**	studier**t**	동사어간+**-t**

— arbeiten, spielen, fragen, leben, sagen, suchen, wohnen ...

— aufhören, einschalten, mitmachen, zuhören ...

— beantworten, gehören, zerlegen ... (비분리전철: be-, ge-, er-, ver-, zer-, ent-, miss-)

— buchstabieren, diskutieren, fotografieren, kopieren, korrigieren, probieren, reparieren, telefonieren, organisieren ...

불규칙변화형(강변화형)

부정형	과거형	과거분사형
bleiben	blieb	geblieben
fahren	fuhr	gefahren
gehen	ging	gegangen
kommen	kam	gekommen
helfen	half	geholfen
lesen	las	gelesen
sehen	sah	gesehen
schreiben	schrieb	geschrieben
werden	wurde	geworden
einladen	lud ein	eingeladen
anrufen	rief an	angerufen
fernsehen	sah fern	ferngesehen
aufstehen	stand auf	aufgestanden

- 불규칙변화형(강변화)의 과거분사는 전철 ge-와 어미 - en이 붙는 것이 일반적이다.
- 과거분사형에서 어간모음이 변화하지 않는 동사도 있지만 (예 fahren → gefahren), 변화하는 경우도 많다 (예 bleiben → geblieben).

불규칙변화형(혼합변화형)

부정형	과거형	과거분사형
bringen	brach**te**	**ge**brach**t**
mitbringen	brach**te** mit	mit**ge**brach**t**
verbringen	verbrach**te**	verbrach**t**
dürfen	durf**te**	**ge**durf**t**
können	konn**te**	**ge**konn**t**

불규칙변화형(혼합변화형)은 어간모음이 변화하지만, 어미는 규칙변화형이다. (bringen → brach**te** → **ge**bracht**)**

❖ 과거분사의 기능

완료형 시제를 만든다. (kochen → Ich habe das Ei **gekocht**.)

형용사로 이용할 수 있다. (kochen → das **gekochte** Ei)

sein 동사와 함께 상태를 표현한다. (kochen → Das Ei **ist gekocht**.)

❖ 과거완료형: haben/sein의 과거형 + 과거분사형

과거완료형은 과거의 다른 행위/사건 이전에 이미 완료된 과거의 행위 또는 사건을 표현하기 위해 사용된다. 따라서 과거완료형은 주절의 동사 시제가 과거형 또는 현재완료형이고 종속절은 접속사 nachdem이 이끄는 복합문에서 흔히 사용된다.

Nachdem Hans zwei Stunden ferngesehen hatte, ging er ins Bett.

After Hans had watched TV for two hours, he went to bed.

Nachdem Jutta mit ihrer Freundin telefoniert hatte, machte sie ihre Hausaufgaben.

After Jutta had talked with her friend on the phone, she did her homework.

연/습/문/제

1/ 밑줄 친 곳에 알맞은 동사를 <보기>에서 골라 과거분사형으로 채우시오.

보기

reden • machen • lernen • kaufen • surfen • baden • putzen

1. Am Nachmittag hat Sara Lebensmittel ________.
2. Dann hat sie das Abendessen ________.
3. Beim Essen hat sie mit der Mutter ________.
4. Nach dem Essen hat sie das Bad ________.
5. Dann hat sie Biologie ________.
6. Später hat sie im Internet ________.
7. Vor dem Schlafen hat sie noch ________.

2/ 밑줄 친 곳에 haben 또는 sein 가운데 적당한 것은?

Lena ______ zu Marie nach Trier gekommen. Zuerst ______ sie die Adresse nicht gefunden. Lena ______ zwei Tage bei Marie geblieben. Am ersten Abend _____ sie ins Kino gegangen. Sie _____ einen tollen Film gesehen. Er _____ ihnen gut gefallen. Nach dem Film _____ sie eine Pizza gegessen und Wein getrunken. Dann _____ sie mit dem Bus nach Hause gefahren.

3/ 주어진 낱말로 현재완료형 문장을 만드시오.

1. zuerst / zu spät zur Arbeit / kommen / Peter
2. dann / der Computer / nicht funktionieren
3. deshalb / den Computerservice / rufen
4. inzwischen / in eine Besprechung / gehen

5. am Abend / lange arbeiten

6. schließlich / einen Kaffee / holen

7. auf der Treppe / stürzen

8. dabei / am Knie / sich verletzen

9. ein Kollege / den Notarzt / rufen

10. der Notarzt / Peter ins Krankenhaus / bringen

4/ 밑줄 친 곳에 알맞은 동사를 <보기>에서 골라 과거완료형으로 고쳐 쓰시오.

보기

schließen • fahren • kochen • lernen • sehen • werden

1. Zu Hause wartete ein Mann vor der Türe auf mich. Ich ______ ihn noch nie _______.

2. Als Paul zum Auto kam, war alles nass. Er _____ die Fenster nicht ______.

3. Die Wanderer fanden den Weg nicht mehr. Es _____ schon zu dunkel _______.

4. Wir waren total müde, weil wir 100 km mit dem Fahrrad ______ _______.

5. Der Schüler war bei der Prüfung nervös, denn er ______ zu wenig _______.

6. Sofia freute sich sehr. Ihr Freund _____ ihr Lieblingsessen _______.

5/ 주어진 낱말로 과거완료형 문장을 만드시오.

1. am Abend / die Koffer / packen
2. die Papiere / in die Tasche / stecken
3. früh am Morgen / zum Flughafen / fahren
4. am Schalter / das Ticket / zeigen
5. im Datum / sich irren

6/ 밑줄 친 곳에 알맞은 동사형(현재완료형/과거완료형)을 적으시오.

1. Ich habe großen Hunger, weil ich heute noch nichts gegessen _____.
2. Er rannte zum Zug, aber der Zug _____ schon abgefahren.
3. Sie haben das Haus nicht gefunden, weil sie den Zettel mit der Adresse vergessen ______.
4. Nachdem sie lange krank gewesen _____, hatte sie Probleme in der Schule.
5. Es war sehr heiß heute Nacht, ich ______ nicht gut geschlafen.
6. Als wir zur Party kamen, ______ die anderen Gäste schon nach Hause gegangen.

7/ 밑줄 친 곳에 haben 또는 sein 가운데 적당한 것은?

Hanna _____ bis sieben Uhr geschlafen. Dann _____ sie aufgestanden und _____ mit ihren Eltern und ihren Schwestern gefrühstückt. Sie _____ ihre Tasche genommen und _____ mit ihrer Mutter zur Schule gegangen. Ihre Mutter und sie ____ ins Klassenzimmer gegangen und ihre Mutter ____ noch ein bisschen dageblieben. Die Lehrerin, Frau Hoffmann, ___ alle begrüßt. Dann ______ Frau Hoffmann „Herzlich willkommen“ an die Tafel geschrieben.

8/ 위의 텍스트를 읽고 아래 질문에 답하시오.

1. Wann ist Hanna aufgestanden?
2. Wohin sind Hanna und ihre Mutter gegangen?
3. Wer ist Frau Hoffmann?
4. Was hat Frau Hoffmann an die Tafel geschrieben?

9/ 밑줄 친 곳에 haben 또는 sein 가운데 적당한 것은?

JULIAN UND MARIE:

Wir _____ ein Taxi genommen. Mit dem Taxi _____ wir zum Bahnhof gefahren. Dort _____ wir uns Fahrkarten gekauft. Dann _____ wir in den Intercity eingestiegen. Um 5.30 _____ wir abgefahren. Wir ______ im Speisewagen gefrühstückt. Den ganzen Tag _____ wir Karten gespielt. Nachts ______ wir in den Schlafwagen gegangen. Wir ______ schlecht geschlafen. Aber wir _____ gut in Rom angekommen.

10/ 위의 텍스트를 읽고 아래 질문에 답하시오.

1. Wohin sind Julian und Marie mit dem Taxi gefahren?
2. Wann sind sie mit dem Zug abgefahren?
3. Wo haben sie gefrühstückt?
4. Was haben sie nachts gemacht?

11/ 밑줄 친 곳에 알맞은 동사의 과거분사를 <보기>에서 골라 적으시오.

보기

aufgestanden	gefrühstückt	gehört
gearbeitet	gegangen	getroffen
geduscht	gegessen	getrunken

Heute bin ich um 7.00 Uhr ________. Ich habe ________, ________ und bin an die Uni ________.

Ich habe einen Vortrag ________. Um 10 Uhr habe ich ein paar Mitstudenten ________ und Kaffee ________. Dann habe ich bis 12.30 Uhr in der Bibliothek ________ und habe in der Mensa zu Mittag ________.

12/ <보기>처럼 대화가 되도록 질문을 만드세요.

보기

Sie: Hast du schon geduscht?
Das Kind: Heute will ich nicht duschen.

1. Heute will ich nicht frühstücken.
2. Heute will ich nicht schwimmen.
3. Heute will ich keine Geschichte lesen.
4. Heute will ich nicht Klavier spielen.
5. Heute will ich nicht schlafen.
6. Heute will ich nicht essen.
7. Heute will ich nicht Geschirr spülen.
8. Heute will ich den Brief nicht schreiben.
9. Heute will ich nicht ins Bett gehen.

13/ 아래 텍스트를 읽고 질문에 답하시오.

Herr Zimmermann ist gestern mit dem linken Fuß aufgestanden. Zuerst hat er seinen Wecker nicht gehört und hat verschlafen. Dann ist er in die Küche gegangen und hat Kaffee gekocht. Nach dem Frühstück ist er mit seinem Auto in die Stadt zum Einkaufen gefahren. Er hat geparkt und ist erst nach zwei Stunden zurückgekommen. Herr Zimmermann hat einen Strafzettel bekommen und 20 Euro bezahlt für falsches Packen. Er ist nach Hause gefahren, hat die Wäsche gewaschen und hat aufgeräumt. Beim Aufräumen ist eine teure Vase auf den Boden gefallen und zerbrochen. Als die Wäsche fertig war, war ein Pullover eingelaufen. Herr Zimmermann ist dann schnell ins Bett gegangen. Fünf Minuten vor Mitternacht ist das Haus abgebrannt.

A. 아래 내용이 올바르면 (R) 틀리면 (F)로 적으세요.

1. ________ Herr Zimmermann hat gestern verschlafen.
2. ________ Vor dem Frühstück ist er die Stadt gefahren.
3. ________ Herr Zimmermann hat falsch geparkt.
4. ________ Er hat seine Wohnung aufgeräumt.
5. ________ Herr Zimmermann braucht ein neues Haus.

14/ 밑줄 친 곳에 보기의 동사를 이용하여 알맞은 형태로 고쳐 적으세요.

보기

gehen	ankommen	trinken	schlafen
begrüßen	fragen	sprechen	

Marco ist in Italien bei seinen Eltern. Gestern ______ er um 17 Uhr ________. Er ______ seine Eltern und Geschwister ________ und einen Tee mit ihnen ________. Dann ______ er in sein Zimmer ________ und ________.

Nach einer Stunde _____ er zum Abendessen in die Küche ______. Seine Eltern ______ ihn viel über sein Leben in Deutschland ______ und Marco _____ über seine Arbeit und seine Freunde ______. Sie_____ noch einen Tee ______ und _____ um 23 Uhr ins Bett _______.

15/ <보기>처럼 주어진 낱말/구를 이용하여 질문과 대답을 만드세요.

보기

mit deinen Eltern telefonieren (wie lange?) →
S1: Hast du gestern mit deinen Eltern telefoniert?
S2: Ja.
S1: Wie lange?
S2: Eine halbe Stunde.

1. früh aufstehen (wann?)
2. jemanden fotografieren (wen?)
3. jemanden besuchen (wen?)
4. ausgehen (wohin?)
5. etwas bezahlen (was?)
6. etwas reparieren (was?)
7. etwas Neues probieren (was?)
8. fernsehen (wie lange?)
9. etwas nicht verstehen (was?)
10. dein Zimmer aufräumen (wann?)

16/ 밑줄 친 곳에 haben 또는 sein 가운데 적당한 것은?

1. In meiner Schulzeit _______ ich nie gern aufgestanden.
2. Meine Mutter _______ mich immer geweckt, denn ich _______ nie von allein aufgewacht.
3. Ich ______ ganz schnell etwas gegessen und ______ zur Schule gerannt.
4. Meistens hatte es schon zur Stunde geklingelt, wenn ich angekommen ______.
5. In der Schule war es oft langweilig; in Biologie ______ ich sogar einmal eingeschlafen.
6. Einmal in der Woche hatten wir nachmittags Sport. Am liebsten ______ ich Basketball gespielt und ______ geschwommen.
7. Auf dem Weg nach Hause _______ ich einmal einen Autounfall gesehen. Zum Glück ______ nichts passiert.
8. Aber viele Leute _____ herumgestanden, bis die Polizei gekommen _______.
9. Sie _____ geblieben, bis eine Autowerkstatt die kaputten Autos abgeholt _______.
10. Ich ______ nicht so lange gewartet, denn ich musste viele Hausaufgaben machen.

17/ <보기>처럼 주어진 명령형 문장에 대해 현재완료형 문장으로 답하시오.

보기

Steh bitte endlich auf! → Ich bin schon aufgestanden.

1. Mach bitte Frühstück!
2. Trink bitte deine Milch!

3. Mach bitte den Tisch sauber!

4. Lauf mal schnell zum Bäcker!

5. Bring bitte Brötchen mit!

6. Nimm bitte Geld mit!

7. Füttere bitte den Hund!

8. Mach bitte die Tür zu!

11 동사의 과거변화

동사는 부정형, 과거형, 과거분사형 3가지 형태가 있다. 이들은 규칙변화(약변화) 또는 불규칙변화(강변화, 혼합변화)에 의해 만들어진다.

❖ 약변화동사의 시제변화

부정형	과거형	과거분사형
-en	-(e)te	ge-(e)t
sagen	sagte	gesagt
arbeiten	arbeitete	gearbeitet
wohnen	wohnte	gewohnt
mitmachen	machte...mit	mitgemacht
aufhören	hörte...auf	aufgehört
studieren	studierte	studiert
telefonieren	telefonierte	telefoniert

- 약변화동사는 과거분사형에서 어간모음이 변하는 경우가 없다.
- 분리동사의 과거분사는 ge-가 분리전철과 기본동사 사이에 위치한다.
- 비분리동사와 어미가 -ieren인 동사는 과거분사형에서 ge- 전철이 붙지 않는다.
- 분리동사는 과거형에서 전철이 분리되어 문장 끝에 오고, 종속절에서는 다시 합쳐진다.

❖ 약변화동사의 과거인칭변화

sagen		arbeiten	
ich	sag-t-e	ich	arbeit-et-e
du	sag-t-est	du	arbeit-et-est
er/sie/es	sag-t-e	er/sie/es	arbeit-et-e
wir	sag-t-en	wir	arbeit-et-en
ihr	sag-t-et	ihr	arbeit-et-et
sie/Sie	sag-t-en	sie/Sie	arbeit-et-en

➢ 동사어간이 d, t로 끝나는 경우와 어간이 t, d, p, b, g, f 및 m/n과 결합하는 경우에는 (e)가 붙는다.

❖ 불규칙변화(강변화)동사의 시제변화

부정형	과거형	과거분사형
-en	—	ge-en
kommen	kam	(ist) gekommen
geben	gab	gegeben
gehen	ging	(ist) gegangen
nehmen	nahm	genommen
schlafen	schlief	geschlafen
sprechen	sprach	gesprochen
abfahren	fuhr...ab	(ist) abgefahren
anrufen	rief...an	angerufen
beschreiben	beschrieb	beschrieben

▶ 강변화동사는 과거분사형에서 어간모음이 변하는 경우가 있다.

❖ 강변화동사의 과거인칭변화

	sehen		rufen
ich	sah	ich	rief
du	sah-st	du	rief-st
er/sie/es	sah	er/sie/es	rief
wir	sah-en	wir	rief-en
ihr	sah-t	ihr	rief-t
sie/Sie	sah-en	sie/Sie	rief-en

▶ 강변화동사의 단수 1인칭과 3인칭은 어미가 없다.

❖ 불규칙변화(혼합변화)동사의 시제변화

부정형	과거형	과거분사형
-en	-te	ge-t
bringen	brachte	gebracht
denken	dachte	gedacht
kennen	kannte	gekannt
nennen	nannte	genannt
wissen	wusste	gewusst

❖ 혼합변화동사의 과거인칭변화

	bringen		wissen
ich	brachte	ich	wusste
du	brachtest	du	wusstest
er/sie/es	brachte	er/sie/es	wusste
wir	brachten	wir	wussten
ihr	brachtet	ihr	wusstet
sie/Sie	brachten	sie/Sie	wussten

❖ sein/haben/werden의 시제변화

부정형	과거형	과거분사형
sein	war	(ist) gewesen
haben	hatte	gehabt
werden	wurde	(ist) geworden

❖ sein/haben/werden의 과거인칭변화

	sein	haben	werden
ich	war	hatte	wurde
du	warst	hattest	wurdest
er/sie/es	war	hatte	wurde
wir	waren	hatten	wurden
ihr	wart	hattet	wurdet
sie/Sie	waren	hatten	wurden

❖ 화법조동사의 시제변화

부정형	과거형	과거분사형
können	konnte	gekonnt
mögen	mochte	gemocht
müssen	musste	gemusst
dürfen	durfte	gedurft
sollen	sollte	gesollt
wollen	wollte	gewollt

❖ 화법조동사의 과거인칭변화

	können	dürfen	mögen
ich	konnte	durfte	mochte
du	konntest	durftest	mochtest
er/sie/es	konnte	durfte	mochte
wir	konnten	durften	mochten
ihr	konntet	durftet	mochtet
sie/Sie	konnten	durften	mochten
	müssen	**wollen**	**sollen**
ich	musste	wollte	sollte
du	musstest	wolltest	solltest
er/sie/es	musste	wollte	sollte
wir	mussten	wollten	sollten
ihr	musstet	wolltet	solltet
sie/Sie	mussten	wollten	sollten

- sein, haben, werden, wissen, 그리고 화법조동사는 일상 담화에서 과거 사건을 표현할 때 현재완료형보다는 과거형을 많이 사용한다.

1/ 다음 문장들을 과거형 문장으로 바꾸시오.

1. Ich bin immer müde - früher ______ ich nie müde.
2. Die Leute haben keine Zeit - früher ______ sie mehr Zeit.
3. Das Wetter ist schlecht - früher ______ es besser.
4. Wir haben viel Stress - früher ______ wir keinen.
5. Ich habe wenig Geld - früher ______ ich mehr.
6. Die Lebensmittel sind teuer - früher ______ sie billiger.
7. Wir sind nicht zufrieden - früher ______ wir zufrieden.

2/ 아래 대화의 밑줄 친 곳에 „sein" 또는 „haben"의 과거형으로 넣으세요.

JULIAN: Wo warst du gestern?

FELIX: Ich ______ krank.

JULIAN: Aber du ______ in der Stadt.

FELIX: Ja, ich ______ einen Termin beim Doktor.

JULIAN: Du ______ keinen Termin beim Doktor. Man hat dich im Kino gesehen.

FELIX: Ja, klar, ich ______ in „Doktor Zhivago".

ELIAS: Ihr habt am Freitag gefehlt. Wo ______ ihr?

JAN UND LEON: Wir sind zu Hause geblieben, wir ______ doch frei.

ELIAS: Wie bitte? Ihr ______ doch nicht frei.

JAN UND LEON: Doch, es ______ Freitag.

3/ 주어진 낱말로 <보기>처럼 과거형 문장을 만드시오.

보기

letzte Woche / ich / Urlaub / haben → Letzte Woche hatte ich Urlaub.

1. wir / in Norwegen / sein
2. zuerst / wir / schönes Wetter / haben
3. dann / das Wetter / schlecht / werden
4. es / sehr kalt / werden
5. am nächsten Morgen / alles / weiß / sein
6. wir / auch im Zelt / Schnee / haben
7. leider / ich / dann / krank / werden

4/ 동사의 과거형은?

1. Der Film beginnt um 9 Uhr. ________ (begonnen)
2. Neben mir nimmt ein Mann Platz. ________ (genommen)
3. Nach kurzer Zeit schläft er fest. ________ (geschlafen)
4. Im Film klingelt ein Telefon. ________ (geklingelt)
5. Er zieht sein Handy heraus. ________ (gezogen)
6. Er spricht ziemlich laut. ________ (gesprochen)
7. Alle Leute lachen. ________ (gelacht)

5/ 밑줄 친 곳에 알맞은 동사를 <보기>에서 골라 과거형으로 고쳐 쓰시오.

보기

beginnen • dauern • feiern • geben • gewinnen • heiraten • schenken • spielen • trainieren • verlassen • werden

Steffi Graf _______ 1969 in Brühl bei Heidelberg geboren. Im Alter von vier Jahren _______ ihr der Vater einen Tennisschläger. 1975, mit 6 Jahren, _______ sie beim „Jüngsten Turnier" in München und _______. 1977 gab ihr Vater seinen Beruf auf und _______ seine Tochter Steffi. 1982, im Alter von 13 Jahren, _______ ihre Karriere als Profisportlerin. Ein Jahr später _______ sie die Schule und nahm Privatunterricht. Die ersten Erfolge _______ es ab 1984, ihre Karriere _______ bis 1999. Sie _______ 22 Siege in Grand Slam-Turnieren. Seit 1999 ist sie mit dem Tennisspieler Andre Agassi befreundet, 2001 _______ die beiden.

6/ 주어진 낱말로 <보기>처럼 과거형 문장을 만드시오.

보기

mit Freunden / nach Italien / fahren → Ich fuhr mit Freunden nach Italien.

1. dort / wir / in einer Pension / wohnen
2. jeden Tag / ich / am Strand / liegen
3. abends / wir / in ein Restaurant / gehen
4. ein Mal / wir / ein Museum / besuchen

7/ 다음 낱말을 이용하여 과거형 문장을 만드시오.

1. Ich / lassen / Gudrun / gehen.
2. Das Pferd / laufen / am schnellsten.
3. Hubert / reiten / den ganzen Tag.
4. Wir / leihen / Gisela / das Buch.
5. Der Rattenfänger / fangen / Ratten.
6. Ich / schneiden / ins Fleisch.
7. Meine Eltern / schreiben / den Brief.
8. Wir / schreien / nicht.
9. Der Hund / fressen / das Futter.
10. Die Bücher / liegen / auf dem Tisch.
11. Wir / springen / aus dem Fenster.
12. Ich / sitzen / auf einem Stuhl.
13. Die Sängerin / singen / die Arie.
14. Die Kinder / trinken / keinen Wein.
15. Er / finden / die Diamantbrosche.

8/ 다음 현재완료형 문장을 과거형 문장으로 바꾸시오.

1. Alex hat mich gestern besucht.
2. Wir haben Limonade getrunken.
3. Er hat auch ein Stück Schokoladenkuchen gegessen.
4. Wir sind ins Zentrum gefahren.
5. Wir haben dort seine Freunde getroffen und wir sind ins Kino gegangen.
6. Der Film war prima. Er hat mir sehr gefallen.

7. Wir sind um acht Uhr nach Hause gekommen.
8. Wir haben eine Stunde Platten gespielt und haben über Musik gesprochen.
9. Meine Mutter hat noch Wurstbrote gemacht.
10. Alex ist danach nach Hause gegangen.

12 전치사

❖ 시간 표시 전치사: um, am, im

시간

➢ um은 영어의 at에 해당하며 영어의 at ... o'clock에 상응하는 독일어 표현은 um ... Uhr이다.

▶ Um wieviel Uhr bist du dort?	At what time are you there?
◁ Ich bin um 10 Uhr dort.	I am there at 10 o'clock.
▶ Wann beginnt der Unterricht?	When does the class start?
◁ Um neun Uhr.	At nine o'clock.

Der Bus geht um vierzehn Uhr vierundzwanzig.
The Bus leaves at two twenty-four p.m.

날짜, 달, 계절

➢ am은 요일 및 하루의 어느 때를 말할 때 사용한다. 다만 특별한 날을 강조할 경우 an dem (on that)을 사용할 수 있다.

Am Sonntag haben wir keine Schule.	We don't have school on Sunday.
Er kommt am Dienstag.	He arrives on Tuesday.
Sie war an dem Montag hier.	She was here on that Monday.

➢ im은 월(月) 및 계절을 말할 때 사용한다. 다만 특별한 달이나 계절을 강조할 경우 in dem (in that)을 사용할 수 있다.

Ich habe im Juli Geburtstag.	My birthday is in July.
Im August haben wir Sommerferien.	We have our summer vacation in August.
Im Winter ist es sehr kalt.	It is very cold in winter.
Er kam in dem Herbst.	He came (in) that fall.

➤ 특정한 년도(年度)를 지시할 때 전치사가 필요 없지만, 숫자 앞에 Jahr(e)가 오면 im을 사용한다.

Der Krieg war 1918 vorbei.	The war was over in 1918.
Er schrieb es im Jahre 1935.	He wrote it in the year 1935.

➤ 하루를 구분하는 주기 표현은 영어의 in/at에 상응하는 전치사인 am(an dem)이 앞에 온다.

am Morgen	in the morning
am Vormittag	in the forenoon (morning)
am Mittag	at noon
am Nachmittag	in the afternoon
am Abend	in the evening
예외 in der Nacht	at night

Ich gehe am Nachmittag gern spazieren.	I like to take a walk in the afternoon.
Wir besuchen dich am Abend.	We'll visit you in the evening.
Wo bist du in der Nacht?	Where are you at night?

❖ 장소 표시 전치사: um, am, im

● 어떤 사람/사물이 위치한 장소를 표현하기 위해 3격과 함께 다음과 같은 전치사를 이용한다.

in (in, at)
auf (on, at) + 3격
an (on, at)

Thomas wohnt in der Stadt.	Thomas lives in the city.
Sabine und Katrin sind auf der Bank.	Sabine and Katrin are at the bank.

● 둘러싸여 있는 공간을 지시할 때는 in을 사용한다.

im Supermarkt	in the supermarket (enclosed)
in der Stadt	in (within) the city

● 영어의 at에 상응하는 전치사로서 어떤 경계나 제한 구역을 지시할 때는 an을 사용한다.

am Fenster	at the window
an der Tankstelle	at the gas pumps
am See	at the lake

● 영어의 on에 상응하는 전치사로서 표면을 지시할 때는 auf를 사용한다.

auf dem Tisch	on the table
auf dem Herd	on the stove

은행, 우체국, 경찰서 등과 같이 공공건물의 장소를 표현할 때 auf를 사용한다.

auf der Bank	at the bank
auf der Post	at the post office
auf der Polizei	at the police station

❖ 방향 표시 전치사: in/auf, zu/nach

이동하는 장소를 표현하기 위해서는 다음과 같은 전치사를 이용한다.

in / auf + 4격
zu / nach + 3격

Hans geht in die Kirche.	Hans goes to church.
Melanie geht auf die Bank.	Melanie goes to the bank.
Jutta fährt zum Flughafen.	Jutta drives to the airport.
Andrea fliegt nach Deutschland.	Andrea is flying to Germany.

in + 4격은 일반적으로 건물이나 둘러싸인 공간으로 들어갈 때 사용한다.

Heute Nachmittag geht Peter in die Bibliothek.
This afternoon Peter will go to (into) the library.

Abends geht Jutta ins Kino.
In the evening Jutta goes to (into) the movies.

in + 4격은 정관사와 함께 사용되는 국가이름 (Schweiz, Türkei, USA 등)에도 사용된다.

Herr Wagner fliegt in die USA.	Mr. Wagner flies to the USA.
Andrea fährt in die Schweiz.	Andrea is going to Switzerland.

- auf + 4격은 우체국, 은행, 경찰서 등 공공건물이 목적지일 때 사용한다.

Ich gehe auf die Post.	I'm going to the post office.
Herr Wagner geht auf die Bank.	Mr. Wagner goes to the bank.

- auf + 4격은 열려있는 공간이 목적지일 때도 사용한다.

Albert geht aufs Land.	Albert goes to the country.
Frau Schulz fährt auf den Markt.	Ms. Schluz drives to the market.

- zu + 3격은 특정 이름의 건물/장소가 목적지이거나, 운동장과 같은 열린 공간이 목적지일 때, 그리고 사람이 목적지일 때 사용한다.

Heidi geht zu McDonald's.	Heidi goes to McDonald's.
Rolf geht zum Sportplatz.	Rolf goes to the plazing field.
Jutta geht zum Friseur.	Jutta goes to the hairdresser's.
Ich gehe morgen zu Tante Julia.	We'll go to Aunt Julia's tomorrow.

예외 zu Hause (at home)는 방향을 지시하는 것이 아니라, 장소를 나타낸다.

- nach는 관사 없이 사용되는 국가 및 도시 이름에 대부분 사용된다. 방향을 지시할 때도 사용된다.

Herr Ruf fliegt nach Berlin.	Mr. Ruf is flying to Berlin.
Maria fährt nach Österreich.	Maria is driving to Austria.
Biegen Sie an der Ampel nach links ab.	Turn left at the light.

유의 nach Hause (going/coming home)는 관용구처럼 결합되어 사용한다.

❖ 장소 및 목적지 방향 표시 전치사

3·4격 지배 전치사인 in, an, auf, vor, hinter, über, unter, neben, zwischen은

- 공간의 이동이 없는 정지나 운동을 나타낼 때 3격과 함께 사용하고 (의문사 wo?에 대응하는 장소)
- 공간의 이동이 있는 운동의 방향을 나타낼 때 4격과 함께 사용한다 (의문사 wohin?에 대응하는 방향)

Maria stellt eine Flasche Wein auf den Tisch.

Die Flasche Wein steht auf dem Tisch.

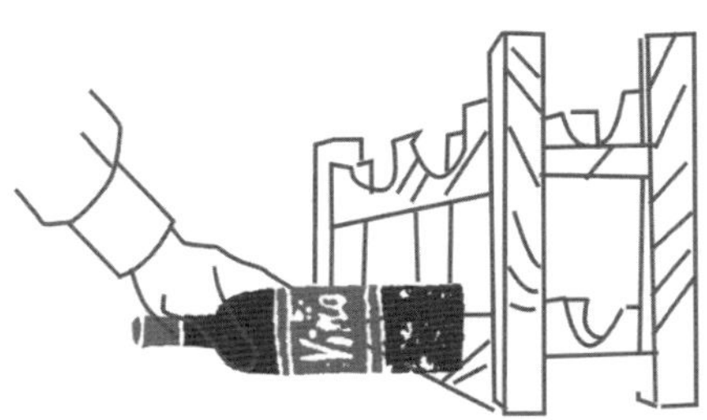

Michael legt eine Flasche Wein ins Weinregal

Die Flasche Wein liegt im Weinregal

Frau Wagner setzt Paula **in den** Hochstuhl.

Paula sitzt **im** Hochstuhl.

Andrea hängt das Handtuch **an den** Haken.

Das Handtuch hängt **am** Haken.

❖ 출신/원천 표시 전치사: aus, von

aus는 사람/사물이 닫혀진 공간 혹은 한정된 공간 (국가, 도시, 빌딩 등)의 출신/원천 등임을 나타낸다.

Diese Fische kommen aus der Donau.	These fish come from the Danube river.
Josef kam aus seinem Zimmer.	Josef came from his room.
Silvia kommt aus München.	
Chris kommt aus den USA.	

von은 사람/사물이 닫혀진 공간이 아니라, 개방된 공간에서 오는 것임을 나타낸다. 또한 좌우의 방향에서 올 때도 사용된다.

Frau Wagner kommt gerade vom Markt zurück.

Ms. Wagner just returning from the market.

Das rote Auto kam von rechts.

The red car came from the right.

❖ 전치사 mit, bei + 3격

- mit은 영어의 with에 상응하고 용법도 비슷하다.

Frau Wagner fegt die Terrasse mit ihrem neuen Besen.

Ms. Wagner sweeps the terrace with his new broom.

Er geht mit seinen Freunden ins Theater.

He's going to the movies with his friends.

Ich möchte ein Haus mit einem offenen Kamin.

I want a house with a fireplace.

- mit은 영어의 by처럼 교통수단을 나타내며 정관사와 함께 사용한다.

Jürgen fährt mit dem Bus zur Uni.

Jürgen goes to the university by bus.

Heidi fährt mit dem Auto nach Köln.

Heidi drives to Köln (goes to Köln by car).

- bei는 영어의 near처럼 어떤 장소의 인근에 있음을 지시하는데 사용된다.

Fürstenfeld liegt bei München. Fürstenfeld is near München.

- bei는 고용되어 일하는 회사, 기관 등의 이름 앞이나, 함께 거주하고 있는 사람 또는 장소 앞에 사용된다. 이 경우 영어의 with, at, for에 해당된다.

Sie wohnt bei ihren Eltern.
She's living (staying) with her parents/at her parent's.

Thomas arbeitet bei Google.
Thomas works at (for) Google.

Treffen wir uns bei Katrin.
Let's meet at Katrin's.

기타 방향 관련 전치사

- entlang (along), über (over) + 4격

Gehen Sie den Fluss entlang.	Go along the river.
Gehen Sie über den Zebrastreifen.	Walk across the crosswalk.

- über는 영어의 via와 유사한 의미로 사용되기도 한다.

Der Zug fährt über Frankfurt nach Hamburg.
The train goes to Hamburg via Frankfurt.

- an ... vorbei (past), bis zu (up to, as far as), gegenüber von (across from) + 3격

Gehen Sie am Lebensmittelgeschäft vorbei.
Go past the grocery store.

Fahren Sie bis zur Fußgängerzone und biegen Sie links ab.
Drive to the pedestrian mall and turn left.

Die U-Bahnhaltestelle ist gegenüber vom Markthotel.
The subway station is across from the Markthotel.

❖ 전치사의 격지배

독일어 전치사는 영어와 달리 함께 하는 명사, 대명사의 격을 지배한다. 이를 전치사의 격지배라 하며, 2격지배, 3격지배, 4격지배, 3·4격지배 전치사로 분류한다.

❖ 4격지배 전치사

- durch — through, by

Er läuft durch das Haus.
He is running through the house.

Wir gehen durch die Zimmer.
We are walking through the rooms.

Er wurde durch einen Schuss getötet.
He was killed by a shot.

- entlang — along

Wir gehen die Straße entlang.
We are walking along the street.

- für — for

Warum kaufte er nichts für seinen Freund?
Why didn't he buy anything for his friend?

Sie arbeitet für meine Eltern.
She is working for my parents.

- gegen — against, toward, about

  Er kämpfte gegen den Weltmeister.
  He fought against the world champion.

  Ich gehe gegen die Tür.
  I am going toward the door.

  Es waren gegen zehn Frauen im Zimmer.
  There were about ten women in the room.

- ohne — without

  Ohne seine Frau geht er nicht.
  He is not going without his wife.

  Wir können ohne unsre Kinder nicht kommen.
  We can't come without our children.

- um — around

  Warum fährst du um das Haus?
  Why are you driving around the house?

- 다음 예와 같이 정관사에 강세가 오지 않는 경우, 전치사와 융합하여 사용할 수 있다.

  - durch das = durchs

    Er läuft durchs Geschäft. He is running through the store.

  - für das = fürs

    Ich bringe es fürs Baby. I am bringing it for the baby.

  - um das = ums

    Wir stehen ums Auto. We are standing around the car.

❖ 3격지배 전치사

aus — out of, from, of

Das Mädchen kommt aus dem Hotel. The girl is coming out of the hotel.

Kommen Sie auch aus Deutschland? Do you also come from Germany?

Das Messer ist aus Stahl. The knife is (made) of steel.

außer — except, besides

Außer meiner Mutter waren wir alle da.

Except for my mother, we were all there.

Außer diesem Volkswagen besitze ich nichts.

I own nothing besides this Volkswagen.

bei — with, near, at

Ich bleibe bei meinen Großeltern. I am staying with my grandparents.

Wohnst du bei der Schule? Do you live near school?

Ich treffe dich bei der Universität. I'll meet you at the university.

gegenüber — across

Wir wohnen dem Park gegenüber. We live across from the park.

Er sitzt seinen Eltern gegenüber. He sits across from his parents.

mit — with

Er arbeitet mit einem Hammer. He is working with a hammer.

Ich reise mit diesen Leuten. I am traveling with these people.

nach — after, according to, to

Nach dem Abendessen gehen wir aus.
We are going out after dinner.

Der Geschichte nach wurde er 100 Jahre alt.
According to the story, he became 100 years old.

Der Flug nach Kanada war lang.
The flight to Canada was long.

seit — since, for

Seit seiner Kindheit wohnt er in Ulm.
He has been living in Ulm since his childhood.

Ich habe die Krankheit seit einem Jahr.
I have had the illness for one year.

von — from, by

Er weiß nichts von seinen Töchtern.
He knows nothing about his daughters.

Das Geschenk kommt von meiner Großmutter.
The present is from my grandmother.

Ist das ein Drama von Goethe?
Is that a drama by Goethe?

Das Flugzeug kommt von Frankfurt.
The airplane is coming from Frankfurt.

Das Essen wurde von meiner Mutter gekocht.
The dinner was cooked by my mother.

zu — to

Wir gehen zu keiner Vorlesung. We are going to no lecture.

- 다음 예와 같이 정관사에 강세가 오지 않는 경우, 전치사와 융합하여 사용할 수 있다.

  - bei + dem = beim

    Ich bin beim Doktor. I am at the doctor's office.

  - von + dem = vom

    Kommt er schon vom Kino? Is he already coming from the movies?

  - zu + dem = zum

    Wir gehen zum Museum. We are going to the museum.

  - zu + der = zur

    Warum fährt er zur Schule? Why is he driving to school?

❖ 3·4격지배 전치사

- 공간의 이동이 없는 정지나 운동을 나타낼 때 (의문사 wo?에 대응하는 장소) → 3격을 사용한다.
- 공간의 이동이 있는 운동의 방향을 나타낼 때 (의문사 wohin?에 대응하는 방향) → 4격을 사용한다.

Wo?	Wohin?
Die Lampe steht auf dem Tisch	Ich stelle die Lampe auf den Tisch.
Das Regal steht an der Wand.	Ich stelle das Regal an die Wand.
Der Teppich liegt unter dem Tisch.	Ich lege den Teppich unter den Tisch.
Das Baby sitzt im Hochstuhl.	Die Mutti setzt das Baby in den Hochstuhl.
Die Lampe hängt über dem Tisch.	Ich hänge die Lampe über den Tisch.

stehen, liegen, sitzen, hängen은 강변화동사이며 자동사들이다. stellen, legen, setzen, hängen은 약변화동사이며 타동사들이다.

- in + 4격 — into, to

Er springt in den Fluss.	He is jumping into the river.
Fliegst du in die Türkei.	Are you flying to Turkey?
Er fährt in die Vereinigten Staaten.	He is going to the United States.

- in + 3격 — in

Er schwimmt in dem Fluss.	He is swimming in the river.
Wir sind in Australien.	We are in Australia.
Wohnst du in München?	Do you live in Munich?

- an + 4격 — to, onto

Wir laufen an die Tür.	We are running to the door.
Ich schreibe an die Tafel.	I am writing onto the blackboard.

- an + 3격 — at, on

Mein Onkel steht am Fenster.	My uncle is standing at the window.
Das Bild hängt an der Wand.	The picture is hanging on the wall.

- auf + 4격 — onto

Er legt das Messer auf den Tisch.	He is putting the knife onto the table.

- auf + 3격 — on

Sie sitzt auf meinem Stuhl.	She is sitting on my chair.

- hinter + 4격 — behind

Stellst du die Schuhe hinter die Tür? Are you putting the shoes behind the door?

- hinter + 3격 — beside

Wer steht neben Ihrem Wagen? Who is standing beside your car?

- über + 4격 — over, above, across

Ich hänge die Lampe über den Tisch. I am hanging the lamp over (above) the table.

Lauf nicht über die Straße! Don't run across the street!

- über + 3격 — over, above

Das Flugzeug ist über den Häusern. The plane is above (over) the houses.

- unter + 4격 — under, below

Der Ball rollt unter den Sessel. The ball is rolling under the easy chair.

- unter + 3격 — under, below

Ich liege unter den Bäumen. I am lying under the treed.

- vor + 4격 — in front of

Ich habe mich vor die Frau gesetzt. I sat down in front of the woman.

- vor + 3격 — in front of

Wir stehen vor den Bildern. We are standing in front of the picture.

- zwischen + 4격 — between

Sie hat den Brief zwischen das Buch und die Zeitung gelegt.
She placed the letter between the book and the newspaper.

- zwischen + 3격 — between

Wer sitzt zwischen jenem Herrn und jener Dame?
Who is sitting between that gentleman and that lady?

다음 예와 같이 정관사에 강세가 오지 않는 경우, 전치사와 융합하여 사용할 수 있다.

- an + das = ans

Sie geht ans Fenster. She is going to the window.

- an + dem = am

Er stand am Bett. He is stood at the bed.

- auf + das = aufs

Er setzt sich aufs Sofa. He is sitting down on the sofa.

- in + das = ins

Geht ihr ins Kino? Are you going to the movies?

- in + dem = im

Sitzt sie im Garten? Is she sitting in the garden?

- hinter + das = hinters

Wir gehen hinters Haus. We are going behind the house.

- über + das = übers

Es fliegt übers Nest. It is flying over the nest.

- unter + das = unters

Legt es nicht unters Bett! Don't put it under the bed!

- vor + das = vors

Stell dich vors Mädchen! Stand in front of the girl!

- Da(r)-3격/4격지배 전치사 합성어: 앞선 문장이나 대화에서 이미 언급된 사물이나 생각들을 지시할 때 사용한다. 다만 사람을 지시할 때는 da(r)-전치사 합성어를 사용하지 않는다. 모음으로 시작되는 전치사와 결합하는 경우 dar-가 된다 (darin, darüber, darauf 등). 하지만 entlang, ohne, ausser, gegenüber는 da-와 결합하지 않는다.

Bist du gegen den Plan? - Ja, ich bin dagegen.
Are you against the plan? - Yes, I am against it.

Denkst du an die Ferien? - Nein, ich denke nicht daran.
Are you thinking about your vacation? - No, I am not thinking about it.

Was macht ihr mit den Bleistiften? - Wir schreiben damit.
What are you doing with the pencils? - We are writing with them.

Steht sie neben dem Bild? - Ja, sie steht daneben.
Is she standing beside the picture? - Yes, she is standing beside it.

- 전치사 in이 방향을 표현할 때는 dar- 합성어가 아닌 다음과 같은 표현이 사용된다.

- 동작이 화자로부터 멀어지는 경우: hinein, hinaus

Geht er schon ins Haus? - Ja, er geht schon hinein.
Is he going into the house already? - Yes, he is already going in. (into it)

Steigt er aus dem Fenster? - Ja, er steigt hinaus.
Is he climbing out of the window? - Yes, he is climbing out. (of it)

- 동작이 화자 쪽으로 향하는 경우: herein, heraus

  Kommt sie ins Wohnzimmer? - Ja, sie kommt herein.

  Is she coming into the living room? - Yes, she is coming in. (into it)

  Kommt sie aus der Garage? - Ja, sie kommt heraus.

  Is she coming out of the garage? - Yes, she is coming out. (of it)

- Wo(r)-3격/4격지배 전치사 합성어: 의문대명사 was와 전치사가 결합하는 경우 wo(r)-전치사 합성어를 이용한다. 사물이나 생각들을 지시할 때 사용하고, 사람을 지시할 때는 사용하지 않는다. 모음으로 시작되는 전치사와 결합하는 경우 wor-가 된다. 하지만 전치사 entlang, ohne, ausser, gegenüber, seit, hinter, neben, zwischen 등과는 결합하지 않는다.

Womit kann ich helfen?	What can I help you with?
Wovon soll er denn leben?	What is he supposed to live off?
Worüber sprecht ihr?	What are you talking about?
Worauf wartest du?	What are you waiting for?

- 전치사+wem/wen: 사람을 지시하는 의문대명사인 wem/wen과 전치사가 결합하는 경우에 이용한다.

  Mit wem gehst du ins Theater?

  Who will you go to the theater with? (With whom ...?)

  In wen hast du dich diesmal verliebt?

  Who did you fall in love with this time? (With whom ...?)

사람	사물/생각
mit wem	womit
von wem	wovon
zu wem	wozu

an wen	woran
für wen	wofür
über wen	worüber
auf wen	worauf
um wen	worum

❖ 2격지배 전치사

- (an)statt — instead of

(An)statt seiner Schwester ist seine Tante gekommen.

His aunt came instead of his sister.

- außerhalb — outside of

Die Kinder spielen außerhalb des Gartens.

The children are playing outside of the garden.

- innerhalb — inside of, within

Innerhalb dieser Mauern stehen die Ruinen.

Inside of these walls are the ruins.

Er beendet sein Studium innerhalb eines Jahres.

He is finishing his studies within a year.

- oberhalb — on the upper side of, above

Wir wohnen oberhalb jenes Dorfes.

We live on the upper side of that village.

- unterhalb — on the lower side, below

Unterhalb unsres Hauses ist ein See.

Below our house there is a lake.

- diesseits — on this side of

Die Stadt ist dieseits der Berge.

The city is on this side of the mountains.

- jenseits — on the other side of

Der Park ist jenseits dieses Sees.

The park is on the other side of this lake.

- trotz — in spite of, despite

Er kam trotz seiner Krankheit zur Schule.

He came to school in spite of his illness.

- während — during

Während unsrer Ferien fahren wir nach Spanien.

We are going to Spain during our vacation.

- wegen —because of

Wir können wegen ihrer Verspätung nicht gleich abfahren.

We could not depart immediately because of her delay.

- um...willen — for the sake of

Um seiner Mutter willen hat er abgesagt.

He cancelled for the sake of his mother.

1/ 의미에 맞게 연결하시오.

1. Alexander wohnt __ A. an ihre früheren Kolleginnen.
2. Jakob kommt __ B. über unsere Hobbys.
3. Emilia denkt __ C. in Trier.
4. Anna interessiert sich __ D. für Bayern München.
5. Wir unterhalten uns __ E. aus Berlin.

2/ 질문과 대답이 되도록 연결하시오.

1. Worauf wartest du? __ A. Ich ärgere mich über meine Arbeit.
2. Auf wen wartest du? __ B. Ich warte auf den Bus.
3. Über wen ärgerst du dich? __ C. Ich warte auf Hans.
4. Worüber ärgerst du dich? __ D. Ich ärgere mich über meine Kollegin.

3/ 밑줄 친 곳에 „wo(r)-„을 적으시오.

1. ______ hast du dich in den Ferien am meisten gefreut? - Auf das Meer.
2. ______ ärgerst du dich? - Über mein Handy, es funktioniert nicht.
3. ______ hast du die Suppe gewürzt? - Mit Ingwer und Chilli.
4. ______ hast du ihn erkannt? - An seinem Hut.
5. ______ träumst du? - Vom Urlaub.

4/ 질문과 대답이 되도록 밑줄 친 곳을 채우시오.

1. bitten ____ ______ hast du den Kellner gebeten? - _____ mehr Brot.
2. einladen _____ _____ haben sie uns eingeladen? - _____ einem Gartenfest.

3. fragen _____ ______ hat dich der Mann gefragt? - ______ der Toilette.

4. lachen _____ ______ lacht ihr? - ______ einen Witz.

5. sich treffen _____ ______ triffst du dich heute? - ______ einer Schulfreundin.

5/ 밑줄 친 곳이 대답이 되도록 질문을 만드시오.

Sophia: Ich freue mich sehr darüber, dass wir uns kennenlernen.(1)

Philipp: Du musst lauter reden. Oma ärgert sich immer über Leute, die leise sprechen.(2)

Sophia: Gut. Draußen ist schönes Wetter, ich bin mit dem Fahrrad gekommen.(3) Ich wollte Ihnen von unserem Urlaub in Irland erzählen.(4)

Philipp: Interessierst du dich für Irland?(5)

6/ 뜻이 통하도록 연결하시오.

1. Der Vater ist stolz ______
2. Marie ist gespannt ______
3. Fremdsprachen sind nützlich ______
4. Emilia musste warten, sie war wütend ______
5. Die Fans waren sehr traurig ______
6. Der Chef brüllt, das ist ganz typisch ______

A. für meinen Beruf: Ich reise sehr viel.

B. über die Niederlage ihrer Mannschaft.

C. auf seinen Sohn.

D. für ihn, wenn er schlechte Laune hat.

E. über die Verspätung ihres Zuges.

F. auf den neuen Film „Pirates of the Caribbean".

7/ 밑줄 친 곳에 알맞은 전치사(„an", „mit", „von", „zu")를 적으시오.

1. Clara ist gut befreundet _____ Elias.
2. Alex liest die Zeitung und sieht Nachrichten. Er ist sehr _____ Politik interessiert.
3. „Danke für deinen Besuch. Das ist sehr lieb _____ dir."
4. Lena macht die Arbeit keinen Spaß, der Chef ist nie zufrieden _____ ihr.
5. Die neue Chefin ist prima. Sie ist immer nett _____ uns, auch wenn sie gestresst ist.
6. Ich bin einverstanden _____ dem, was du davor hast.

8/ 밑줄 친 곳에 알맞은 전치사+관사/대명사를 적어 문장을 완성하시오.

1. Der Typ da nervt mich immer, ich bin so wütend _______.
2. Wann sehe ich deine neue Freundin? Ich bin sehr neugierig ______.
3. Felix ist so glücklich ______ neue Stelle. Er hat so lange Arbeit gesucht.
4. Leon hat so viel gelernt. Das muss genug sein ______ Prüfung.
5. Endlich Wochenende! Charlotte ist sehr froh ______ freien Tage.

9/ 의미가 통하도록 연결하여 문장을 완성하시오.

1. Ich hänge Ihren Mantel. _________ A. auf dem Tisch.
2. Gehen Sie bitte weiter _________ B. in der Küche.
3. Setzen Sie sich doch bitte _________ C. an den Tisch.

4. Nehmen Sie sich, Getränke stehen ________ D. auf das Sofa.
5. Mein Freund kocht, er ist ________ E. an die Garderobe.
6. Das Essen ist fertig, wir setzen uns ________ F. ins Wohnzimmer.

10/ 주어진 낱말 혹은 구로 문장을 만드시오.

1. Emma / die CD / auf / der Tisch / legen ____________________
2. ein Auto / vor / die Tür / stehen ____________________
3. Ben / auf / das Land / ziehen ____________________
4. die Kinder / in / das Haus / spielen ____________________
5. die Katze / auf / das Sofa / liegen ____________________
6. Finn / die Ski / in / der Keller / stellen ____________________
7. Anna / an / der Hauptplatz / aussteigen ____________________

11/ 밑줄 친 곳에 알맞은 전치사는?

보기

ab • bei • mit • nach • seit • von • zu

Lukas fährt am Wochenende _____(1) seiner Freundin Emilia. Sie holt ihn _____(2) der Haltestelle ab. Sie haben sich _____(3) einer Woche nicht mehr gesehen. Emilia geht _____ (4) Lukas in ein Cafe. Sie unterhalten sich. _____(5) einer Stunde gehen sie nach Hause. Lukas bleibt zwei Tage _____(6) Emilia. _____(7) Montag muss er wieder arbeiten.

12/ 밑줄 친 곳에 알맞은 전치사는?

● Frau Wagner, woher kommen Sie?

○ _____(1) der Schweiz, _____(2) Basel.

● Was machen Sie beruflich?

○ Ich arbeite ____(3) Henkel, einer Chemiefirma.

● Wie lange sind Sie bei Henkel?

○ Schon lange! Ich bin ____(4) 1996 ____(5) dieser Firma.

● Was sind Ihre Hobbys?

○ ___(6) der Arbeit bin ich am liebsten faul. Oder ich gehe ___(7) meinem Hund spazieren.

● Was machen Sie am Sonntag?

○ Da fahre ich ___(8) Freunden ___(9) Frankreich. Es sind ja nur 10 km bis ___(10) Grenze.

13/ 올바른 전치사를 고르시오.

1. Lena kommt um 16 Uhr ( )ab ( )seit ( )von der Arbeit nach Hause.
2. Elias geht ( )mit ( )bei ( )nach seinem Hund spazieren.
3. Leonie kommt gerade ( )von ( )aus ( )außer ihren Eltern, sie hat einen Besuch gemacht.
4. Die Kinder gehen stundenlang nicht ( )von ( )aus ( )ab dem Wasser, sie schwimmen so gern.
5. Der Zug ( )bei ( )zu ( )aus Paris hat heute Verspätung.
6. Frau Meyer kommt ( )ab ( )bei ( )aus der Stadt, sie hat eingekauft.

14/ 주어진 구로 명령형 문장을 만드시오.

1. mit / die U-Bahn / zu / der Karlsplatz / fahren
2. dort / in / die Linie 4 / umsteigen
3. an / die Friedensbrücke / aussteigen

4. dann / über / die Brücke / gehen
5. nach / die Brücke / rechts / gehen
6. bei / die Ampel / über / die Straße / gehen
7. in / der vierten Stock / gehen
8. an / die Tür / läuten

15/ 같은 의미의 문장을 찾으시오.

1. __ Wegen einer Verletzung muss Moritz ins Krankenhaus.
2. __ Statt eines Spielplatzes für die Kinder haben sie eine Garage gebaut.
3. __ Während des Essens hat immer wieder das Handy geläutet.
4. __ Trotz komischer Geräusche seines Wagens fuhr der Autofahrer weiter.

A. Bei uns haben sie eine Garage für die Autos gebaut, statt einen Spielplatz für die Kinder zu machen.
B. Während wir gegessen haben, hat immer wieder das Handy geläutet.
C. Obwohl der Wagen komische Geräusche machte, ist der Fahrer weiter gefahren.
D. Moritz muss ins Krankenhaus, weil er sich verletzt hat.

16/ 전치사 „wegen", „trozt" 혹은 „während"를 이용하여 문장을 만드시오.

1. der Regen – Frau Schneider geht spazieren
2. die Krankheit – Luisa arbeitet wie immer
3. Schmerzen – Herr Neumann geht zum Arzt
4. die Pause – Paul isst ein Brot.
5. das heiße Klima – man muss viel trinken.
6. der Flug – man darf nicht telefonieren

17/ 올바른 전치사를 고르시오.

1. Der Sprachkurs fängt ( )bei ( )seit ( )um 11.30Uhr an.
2. Der Kurs findet ( )seit ( )vor ( )zu einer Woche statt.
3. Die Studenten arbeiten gern ( )mit ( )aus ( )von ihrer Lehrerin.
4. Sie haben ( )in ( )für ( )auf drei Wochen eine Prüfung.
5. Sie lernen viel ( )um ( )für ( )an die Prüfung.
6. Sara möchte ( )nach ( )auf ( )seit dem Kurs eine Reise machen.

18/ 질문에 알맞은 대답을 <보기>에서 고르시오.

보기

A. für meine Schwester	B. trotz ihrer Eltern
C. für neue Kleider	D. aus Liebe
E. für meine Arbeit	F. ohne einen Freund
G. wegen seiner Grippe	H. aus Plastik
I. durch Zufall	J. mit dem Bus
K. vor großen Hunden	L. zum Geburtstag

1. Wie fahren Sie zur Arbeit? _____
2. Für wen ist das Geschenk? _____
3. Wozu kann man dir gratulieren? _____
4. Warum ist Emilia von Frankfurt nach Athen gezogen? _____
5. Warum muss Moritz zum Arzt? _____
6. Woraus ist das gemacht? _____
7. Wovor hast du Angst? _____
8. Wofür brauchst du das Geld? _____

19/ 밑줄 친 곳에 적절한 da(r)- 합성어를 적으세요.

1. Spielst du mit der Puppe? Ja, ich spiele _______.
2. Sellt ihr euch neben die Bank? Ja, wir stellen uns ______.
3. Bist du schon bei der Arbeit? Ja, ich bin schon ______.
4. Legt ihr euch unter die Bäume? Ja, wir legen uns _______.
5. Glaubst du an seine Schuld? Ja, ich glaube _______.
6. Setzt ihr euch aufs Sofa? Ja, wir setzen uns _______.
7. Unterhaltet ihr euch über den Roman? Ja, wir unterhalten uns _______.
8. Brauchst du Mehl zum Backen? Ja, wir brauchen es _______.
9. Geht ihr nach der Arbeit spazieren? Ja, wir gehen _______ spazieren.
10. Hast du ihm von unsrer Reise erzählt? Ja, ich habe ihm _______ erzählt.

20/ 밑줄 친 곳에 hinein, herein, hinaus, heraus 가운데 하나로 채우세요.

1. Geht sie aus der Küche? Ja, sie geht _________.
2. Läufst du ins Esszimmer? Ja, ich laufe _________.
3. Kommen sie aus dem Museum? Ja, sie kommern _________.
4. Wandern sie in den Wald? Ja, sie wandern _________.

21/ 밑줄 친 곳에 적절한 wo(r)- 합성어를 적으세요.

1. _________ fährt er nach Köln? Mit dem Auto.
2. _________ denkst du? An die Prüfung.
3. _________ kommt er? Aus dem Hotel.
4. _________ erzählt ihr? Von der Reise.

5. __________ handelt es sich? Um Geld.

6. __________ sprechen sie? Über Chemie.

7. __________ hat er Angst? Vor der Bombe.

8. __________ interessierst du dich? Für Musik.

13 형용사

❖ 형용사의 용법

● 술어적 용법: 어미변화를 하지 않는다.

Der Kaffee war bitter. The coffee was bitter.

Sein Haar wird schon grau. His hair is already getting grey.

● 부가어적 용법: 어미변화를 한다.

1) 명사의 성·수·격에 따라 변화어미를 갖는다.

2) 형용사 앞에 정관사가 올 때, 부정관사가 올 때, 관사가 없을 때 각각 어미가 달라진다.

❖ 형용사의 약변화

● 정관사/지시대명사 등이 형용사와 함께 사용될 때 약변화 어미를 갖는다.

	남성	여성	중성	복수
1격	der groß**e** Tisch	die neu**e** Tür	das alt**e** Haus	die groß**en** Taschen
2격	des groß**en** Tisches	der neu**en** Tür	des alt**en** Hauses	der groß**en** Taschen
3격	dem groß**en** Tisch	der neu**en** Tür	dem alt**en** Haus	den groß**en** Taschen
4격	den groß**en** Tisch	die neu**e** Tür	das alt**e** Haus	die groß**en** Taschen

Der alte Tisch ist kaputt.

The old table is broken.

Die nette Frau hilft uns.

The nice woman is helping us.

Das kleine Kind schreit.

The small child is screaming.

Ich kenne den deutschen Studenten.

I know the German student.

Sie läuft in die alte Fabrik.

She is running into the old factory.

Er kauft das schnelle Auto.

He is buying the fast car.

Wir helfen diesem kranken Herrn.

We are helping this ill gentleman.

Er wohnt bei jener netten Famile.

He is staying with that nice family.

Er wohnt jenseits dieses hohen Berges.

He lives on the other side of this high mountain.

Wir wohnen außerhalb jener großen Stadt.

We live outside of that large city.

Dort ist die Mutter des kleinen Kindes.

There is the mother of the small child.

Diese frischen Eier kosten viel.

These fresh eggs are expensive.

Ich habe alle leeren Flaschen.

I have all empty bottles.

Mit solchen neuen Autos kann man schnell fahren.

One can drive fast with such new cars.

Das Leben jener alten Leute ist traurig.

The life of those old people is sad.

❖ 형용사의 혼합변화

부정관사/소유대명사 등이 형용사와 함께 사용될 때 혼합변화 어미를 갖는다.

	남성	여성
1격	ein groß**er** Tisch	eine neu**e** Tür
2격	eines groß**en** Tisches	einer neu**en** Tür
3격	einem groß**en** Tisch	einer neu**en** Tür
4격	einen groß**en** Tisch	eine neu**e** Tür

	중성	복수
1격	ein schön**es** Haus	meine schön**en** Anzüge
2격	eines schön**en** Hauses	meiner schön**en** Anzüge
3격	einem schön**en** Haus	meinen schön**en** Anzügen
4격	ein schön**es** Haus	meine schön**en** Anzüge

Ein alter Herr wartet.
An old gentleman is waiting.

Dort ist dein hübsche Freundin.
There is his pretty girl friend.

Ein kleines Kind kommt.
A small child is coming.

Er schreibt einen langen Brief.
He is writing a long letter.

Wir besuchen unsre gute Freundin.
We are visiting our good freind.

Habt ihr kein scharfes Messer?
Don't you have a sharp knife?

Das Buch liegt auf einem runden Tisch.
The book is lying on a round table.

Er erzählt von seiner langen Reise.
He is taking about his long trip.

Wir wohnen in keinem alten Haus.
We are not living in an old house.

Er liegt im Schatten eines hohen Baumes.
He is lying in the shade of a tall tree.

Hier ist das Zentrum unsrer kleinen Stadt.
Here is the center of our small town.

Wann beginnt der Bau eures neuen Hauses?
When does the construction of your new house start?

Ihre deutschen Freundinnen fliegen ab.
Her German friends are departing.

Hast du keine amerikanischen Zigaretten?
Don't you have American cigarettes?

Wir trinken aus keinen schmutzigen Tassen.
We don't drink out of dirty cups.

Die Lehrerin unsrer kleinen Kinder ist hier.
The teacher of our small children is here.

❖ 형용사의 강변화

관사 등 어미변화를 하는 낱말이 없을 때 강변화 어미를 갖는다. 형용사가 어미변화를 통해 수식하는 명사의 성/수/격에 대한 정보를 제공한다. 형용사 강변화는 일상 대화에서는 거의 사용하지 않고, 광고 카피 등에서 사용되고 있다.

	남성	여성	중성	복수
1격	groß**er** Tisch	neu**e** Tür	schön**es** Haus	schön**e** Häuser
2격	groß**en** Tisches	neu**er** Tür	schön**en** Hauses	schön**er** Häuser
3격	groß**em** Tisch	neu**er** Tür	schön**em** Haus	schön**en** Häusern
4격	groß**en** Tisch	neu**e** Tür	schön**es** Haus	schön**e** Häuser

Ich esse gern gegrillt**en** Fisch.
I like to eat grilled fish.

Melanie isst gern frisch**es** Müsli.
Melanie likes to eat fresh cereal.

어미변화를 하지 않는 낱말들인 manch, viel, solch, wenig, welch 등과 함께 사용될 때 강변화가 이루어지는 경우가 많다: Solch schönes Wetter!

Alter Wein ist teuer.
Old wine is expensive.

Frische Luft ist gesund.
Fresh air is healthful.

Das ist deutsches Geld.
That is German money.

Welch guter Kaffee!

What good coffee!

Hier is viel moderne Kunst.

Here is much modern art.

Manch armes Land braucht Hilfe.

Many a poor country needs help.

Trinkt ihr viel schwarzen Kaffee?

Do you drink much black coffee?

Er bestellt kalte Milch.

He orders cold milk.

Ich brauche wenig deutsches Geld.

I need little German money.

Wir trinken heißen Tee.

We drink hot tea.

Hast du saubre Wäsche?

Do you have clean laundry?

Er isst viel weißes Brot.

He eats much white bread.

Bei starkem Wind gehen wir nicht segeln.

We don't go sailing in strong wind.

Ich bin in großer Not.

I am in great need.

Nach langem Leiden ist sie verschieden.

She passed away after long suffering.

Außer viel heißem Tee trinkt er nichts.

He drinks nothing besides much hot tea.

Sie stammt aus solch alter Familie.

She comes from such an old family.

Sie helfen manch armen Kind.

They help many a poor child.

Trotz starken Regens ging er spazieren.

He took a walk despite heavy rain.

Sie war wegen viel anstrendender Arbeit müde.

She was tired because of much taxing work.

Schweren Herzens nahm er Abschied.

He took leave with a heavy heart.

Alte Perserteppiche sind teuer.

Old Persian rugs are expensive.

Ich fahre gerne durch historische Städte.

I like to travel through historical cities.

Sie wird mit roten Rosen empfangen.

She is welcomed with red roses.

Sie spricht mit einigen alten Freunden.

She is talking with several old friends.

Trotz guter Freunde war sie einsam.

Despite good friends she was lonely.

Der Preis mehrerer amerikanischer Wagen ist hoch.

The price of several American is high.

Die Qualität vieler billiger Sachen ist schlecht.

The quality of many cheap things is poor.

- 형용사의 부가어적 용법으로 다음 낱말들이 사용되는 경우 강변화 복수형의 어미를 취한다.

andere (other) mehrere (several)

einige (some) viele (many)

manche (many) wenige (few)

Mehrere Leute waren krank.	Several people were ill.
Viele Metalle sind teuer.	Many metals are expensive.

❖ 형용사 변화에서 유의해야 할 사항

- 어미가 -el인 형용사가 어미변화를 하면 e가 생략된다.

Das Zimmer ist dunkel.	The room is dark.
Wir sind in dem dunklen Zimmer.	We are in the dark room.

- hoch가 부가어로 사용될 때는 c가 탈락하고 hoh 형태로 된다.

Der Turm ist hoch.	The tower is high.
Er steigt auf jenen hohen Turm.	He is climbing that high tower.

❖ 형용사의 명사화

형용사의 첫 글자를 대문자로 표기하여 명사로 사용할 수 있다. 이 때 격어미는 부가어적 용법의 어미와 동일하다. 남성과 여성은 사람을 뜻하고, 중성은 사물이나 개념을 나타낸다.

Ein Toter lag auf der Straße.	A dead (man) lay in the street.
Sie erzählte von dem Alten.	She was telling about the old one (man).
Wer hilft der Kleinen?	Who is helping the little one (female)?
Die Kranken sind im Krankenhaus.	The sick are in the hospital.

다음 낱말들은 명사로 이용되지만, 형용사 부가어적 용법의 어미를 취한다.

die Elektrische	trolley
die Illustrierte	picture magazine
der Beamte	civil servant, official
der/die Bekannte	acquaintance
der/die Deutsche	the German
der/die Gefangene	prisoner
der/die Reisende	traveler, traveling salesperson
der/die Verwandte	relative

Ist das eine Deutsche?	Is that a German (woman)?
Der Deutsche lacht.	The German (man) is laughing.
Er spricht mit einer Deutschen.	He is talking with a German (woman).
Wo liegt meine Illustrierte?	Where is my picture magazine?
Das ist mein Verwandter.	That is my relative (male).
Wir fragen den Beamten.	We are asking the official.

분사의 형용사적 용법: 분사는 현재분사, 과거분사, 미래분사 등 세 가지 종류가 있고, 이들 분사가 부가어적 용법으로 사용될 때는 형용사 어미변화를 취한다.

- 현재분사: (부정형+d): lachend, singend
- 과거분사: (규칙동사/불규칙동사): gesagt, gekommen
- 미래분사: (zu +현재분사): zu lobend

Das weinende Kind tut mir leid. I feel sorry for the crying child.

Er is in der brennenden Fabrik. He is in the burning factory.

Wie heißt der regierende König? What is the name of the reigning king?

Gib das gestohlene Geld zurück? Return the stolen money.

Ich nehme ein weichgekochtes Ei. I'll take one soft boiled egg.

Wir stehen vor der geschlossenen Tür.
We are standing in front of the closed door.

- 도시 이름에서 파생된 형용사는 항상 -er 어미만을 취하고 첫 글자를 대문자로 표기한다.

Wie hoch ist der Kölner Dom? How high is Cologne Cathedral?

Wir essen Wiener Schnitzel? We are eating Wiener Schnitzel.

- 형용사의 중성 강변화 명사가 etwas, viel, nichts, wenig 등의 뒤에 오면 첫 글자를 대문자로 표기한다.

Er macht viel Gutes. He does much good.

Weißt du etwas Interessantes? Do you know something interesting.

1/ <보기>와 같이 그 나라 고유의 음식을 칭하는 구를 만드시오.

보기

Salami → Italienische Salami!

amerikanisch	griechisch	neuseeländisch
deutsch	holländisch	norwegisch
dänisch	italienisch	polnisch
englisch	koreanisch	russisch
französisch	kolumbianisch	ungarisch

1. Steak (n.)
2. Kaviar (m.)
3. Oliven (pl.)
4. Sojasoße (f.)
5. Champagner (m.)
6. Wurst (f.)
7. Käse (m.)
8. Spaghetti (pl.)
9. Paprika (n.)
10. Marmelade (f.)
11. Kaffee (m.)
12. Kiwis (pl.)

2/ <보기>와 같이 문장을 만드시오.

보기

Magst du Kognak (m.)? / französisch →
Ja, aber nur französischen Kognak!

1. Magst du Brot (n.)? / deutsch
2. Magst du Kaviar (m.)? / russisch
3. Magst du Salami (f.)? / italienisch
4. Magst du Kaffee (m.)? / kolumbianisch
5. Magst du Kiwis (pl.)? / neuseeländisch
6. Magst du Wein (m.)? / französisch
7. Magst du Bier (n.)? / belgisch

8. Magst du Muscheln (pl.)? / spanisch
9. Magst du Marmelade (f.)? / englisch
10. Magst du Thunfisch (m.)? / koreanisch

3/ Moritz는 가진 돈도 없으면서 모든 것을 사고 싶어 하고 Emilia는 이를 제지한다. 보기와 같이 대화문을 만드시오.

보기

der schicke Anzug / teuer →
MORITZ: Ich möchte den schicke Anzug da.
EMILIA: Nein, dieser schicke Anzug ist viel zu teuer.

1. der graue Wintermantel / schwer
2. die gelbe Hose / bunt
3. das schicke Hemd / teuer
4. die rote Socke / warm
5. der schwarze Schlafanzug / dünn
6. die grünen Schuhe / groß
7. der modische Hut / klein
8. die schwarzen Winterstiefel / leicht
9. die elegante Sonnenbrille / bunt
10. die roten Tennisschuhe / grell

4/ 밑줄 친 곳에 알맞은 형용사 어미를 넣으시오.

1. HERR SCHNEIDER: Na, wie ist denn Ihr neu__ Auto?
   FRAU WEBER: Ach, der alt__ Mercedes war mir lieber.
   HERR SCHNEIDER: Dann hätte ich mir aber keinen neu__ Wagen gekauft!

2. KELLNER: Wie schmeckt Ihnen denn der italienisch__ Wein?
   PHILIPP: Sehr gut. Ich bestelle gleich noch eine weiter__ Flasche.

3. PHILIPP: Heute repariere ich mein kaputt__ Fahrrad.
   SOPHIA: Prima! Kannst du meinen blöd__ Computer auch reparieren? Er ist schon wieder kuputt.
   PHILIPP: Na gut, aber dann habe ich wieder kein frei__ Wochenende.

5/ 밑줄 친 곳에 알맞은 형용사를 적으시오.

1. Das Auto ist alt. Das ist ein ____ Auto.
2. Die Tasche ist voll. Das ist eine ____ Tasche.
3. Der Ball ist bunt. Das ist ein ____ Ball.
4. Die Schuhe sind grau. Das sind ____ Schuhe.
5. Das Kind ist klein. Das ist ein ____ Kind.
6. Der Tisch ist rund. Das ist ein ____ Tisch.
7. Die Häuser sind neu. Das sind ____ Häuser.

6/ 밑줄 친 곳에 알맞은 형용사 어미를 넣으시오.

1. Welches Auto gehört Ihnen, das rot___ oder das schwarz___?
2. Welcher Mantel gehört dir, der hell___ oder der dunkl___?
3. Welche Schuhe gehören Ihnen, die braun__ oder die schwarz__?
4. Welche Tasche gehört dir, die groß___ oder die klein___?
5. Welcher Rock gefällt dir besser, der lang__ oder der kurz__?

7/ 밑줄 친 곳에 알맞은 형용사 어미를 넣으시오.

1. Ich sehe einen groß___ Baum.
2. Er steht auf einer grün___ Wiese.

3. Der Baum hat hellgrün___ Blätter.
4. Auf der Wiese gibt es bunt___ Blumen.
5. Auf der klein___ Wiese spielen Kinder.
6. Hinter der klein___ Wiese steht ein Haus.
7. Das Haus hat weiß___ Wände.
8. Und es hat ein rot___ Dach.
9. In diesem klein___ Haus wohnt Paul.
10. Paul ist ein alt___ Mann.

8/ 밑줄 친 곳에 주어진 형용사를 어미변화시켜 적으시오.

1. Sarah isst gern _______ Salat. (frisch)
2. Luis trinkt gern ein _______ Bier. (kühl)
3. Jonas mag gern _______ Tee. (kalt)
4. Marie genießt _______ Desserts. (süß)
5. Paul mag _______ Zitronen. (sauer)
6. Clara isst oft _______ Gemüse. (roh)

9/ 밑줄 친 곳에 주어진 형용사를 어미를 변화시켜 적으시오.

1. (kalt - heiß) Warum trinkst du _____ Tee? - _______ (Tee) schmeckt mir nicht.
2. (sauer - süß) Waum isst du _____ Äpfel? - _______ (Äpfel) schmecken mir nicht.
3. (lang - kurz) Warum trägst du _____ Hosen? - _______ (Hosen) mag ich nicht.
4. (alt - neu) Warum hast du ein _____ Auto? - Ein _______ (Auto) ist zu teuer.

5. (klein - groß) Warum nimmst du ein _____ Hotel? - _______ (Hotels) mag ich nicht.

6. (dick - dünn) Warum trägst du _____ Socken? - ________ (Socken) sind mir zu kalt.

7. (weit - eng) Warum trägst du _____ Hosen? - ________ (Hosen) stehen mir nicht.

10/ 밑줄 친 곳에 (필요하다면) 형용사 어미를 변화시켜 적으시오.

Am Rand der _______(klein) Stadt, da ist ein _______(dunkel) Wald. Und in dem ______(dunkel) steht ein _______(alt) Haus. Das Haus ist ________(schief). Eine _______(steil) Treppe führt in den _______(kalt) Keller. Es riecht ______(schrecklich). Man hört _______(seltsam) Geräusche. Aus einer _______(offen) Tür kommt _______(schwach) Licht. In diesem _______(klein) Raum steht ein ______(groß) Schrank. Eine _______(tief) Stimme ruft _______(laut) aus dem _______(schwarz) Schrank: Rette mich, ich mache dich _______(reich).

11/ 밑줄 친 곳에 알맞은 형용사 형태를 적으시오.

보기

angestellt • arbeitslos • minderjährig • reich • verwandt

1. Wer in einer Firma eine Stelle hat, ist ein _________.
2. Der Eintritt für ________ (Personen unter 18 Jahren) ist verboten.
3. Leute, die sehr viel Geld verdienen oder haben, nennt man ______.
4. Viele verlieren den Job. Die Statistik zeigt, dass es immer mehr _________ gibt.
5. Elias wohnt in den USA. Sie sieht ihre _______ in Europa nur selten.

12/ 밑줄 친 곳에 알맞은 분사를 명사화하여 적으시오.

보기

anwesend • betrunken • reisend • verletzt • verliebt

1. Der Moderator begrüßt die _______ und stellt das Programm vor.
2. Nach dem Unfall kümmert sich der Notarzt um die _______.
3. Immer wieder passieren Autounfälle, an denen _______ schuld sind.
4. Achtung, Achtung, _______ nach Berlin: Der Zug fährt heute auf Gleis 17 ab.
5. Eine romantische Reise nach Venedig ist der Traum von vielen _______.

13/ 밑줄 친 곳에 주어진 낱말을 고쳐 쓰세요.

1. HANNA: Ist das dein Auto?
   ALEX: Nein, das ist das Auto _______ Bruders. (mein)
2. BEAMTER: Was ist das Alter _______ Kinder? (Ihr)
   FRAU WEBER: Lena ist fünf, Emma ist sechs und Clara ist neun Jahre alt.
3. FRAU SCHMITT: Ist es wichtig, dass der Partner einen guten Beruf hat?
   TIM: Also, ich muss sagen, der Beruf _______ zukünftigen Partnerin ist mir ziemlich egal. (mein)
4. MARIE: Möchtest du mit mir in die Berge fahren? Meine Eltern haben da ein Wochenendhaus.
   JONAS: Wo ist denn das Wochenendhaus _______ Eltern? (dein)
   MARIE: In der Nähe von Lake Chimsee.
5. LILLY: Kennst du den Film „Pirates of the Caribbean"?
   PAUL: Ja.

LILLY: Wie heißt doch noch mal der Regisseur _______ Films? (dies-)

6. MAX: Brauchst du denn kein neues Nummernschild?
   PHILIPP: Ach, ich nehme einfach das Nummernschild meines ________ Autos. (alt)
7. FRAU WERNER: Wer ist denn das?
   FRAU NEUMANN: Das ist die zweite Frau meines _______ Mannes. (erst-)
8. FRAU SCHULZ: 24352- was ist denn das für eine Telefonnummer?
   OSKAR: Das ist die Telefonnummer meiner _______ Freundin. (neu)

14 형용사 및 부사의 비교변화

❖ 비교급·최상급의 변화

원급	비교급	최상급
__	__er	__(e)st / am__(e)sten

영어 비교급은 때로 'more + 형용사'를 사용하기도 하지만, 독일어 비교급은 항상 _er 형태이다.

Ein Radio ist billiger als ein Fernseher.
A radio is cheaper than a TV.

Helga ist kleiner als Gisela.
Helga is shorter than Gisela.

Erika ist intelligenter als ihre Schwester.
Erika is more intelligent than her sister.

a, o, u 모음을 갖고 있는 단음절 형용사는 비교급·최상급에서 대개 변모음 한다.

alt	älter	ältest / am ältesten
kalt	kälter	kältest / am kältesten
lang	länger	längst / am längsten
stark	stärker	stärkst / am stärksten
warm	wärmer	wärmst / am wärmsten
groß	größer	größt / am größten
oft	öfter	öftest / am öftesten

dumm	dümmer	dümmst / am dümmsten
jung	jünger	jüngst / am jüngsten
kurz	kürzer	kürzest / am kürzesten

Er is ein älterer Arzt.

Er ist der älteste Arzt.

Mein Bad ist größer als meine Küche.
My bathroom is bigger than my kitchen.

- -d, -t, -ss, -z, -sch로 끝나는 형용사는 최상급에서 -est로 변한다.

Die Geschichte ist am interessantesten.
The story is the most interesting.

Um die Mittagszeit ist es oft am heißesten.
The hottest (weather) is often around noontime.

예외 groß → am größten

- 비교급이나 최상급도 부가어적 용법으로 사용할 때는 원급과 마찬가지로 격어미를 취한다. 다만 mehr와 weniger는 격어미를 갖지 않는다.

Dort ist der billigere Mantel.	There is the cheaper coat.
Ist das die teuerste Kamera?	Is that the most expensive camera?
Das ist ein größerer Wagen.	That is a larger car.
Ich kaufe den größeren Koffer.	I'll buy the larger suitcase.
Sie hat das größte Zimmer,	She has the largest room.
Sie nehmen meine beste Jacke,	They are taking my best jacket.
Wir sind im modernsten Theater.	We are in the most modern theater.
Er hilft einer jüngeren Frau.	He is helping a younger woman.
Er hat **mehr** Bücher als Schmidt.	He has more books than Schmidt.
Hast du **weniger** Geld?	Do you have less money?

최상급인 am__(e)sten 형태는 술어적 용법 및 부사 최상급으로 많이 이용한다.

Gertrud is am kleinsten.	Gertrud is the shortest.
Dieses Auto ist am teuersten.	This car the most expensive.
Ich laufe am schnellsten.	I am running fastest.

영어는 형용사+ly로 부사가 만들어지지만, 독일어는 형용사가 그대로 부사로도 이용된다.

Sie singt schön.	She sings beautifully.
Sie singt am schönsten.	She sings most beautifully.
Er läuft langsam.	He runs slowly.
Er läuft am langsamsten.	He runs most slowly.

immer + 비교급: 정도의 증대, 즉 '점점 더'란 의미를 나타낸다.

Es wird immer kälter.	It is getting colder and colder.
Sie werden immer reicher.	They are getting richer and richer.
Er spricht immer schneller.	He is talking faster and faster.

❖ 형용사 비교급의 불규칙 변화

gern	lieber	liebst / am liebsten	((to) like (to))
gut	bessser	best / am besten	(good)
viel	mehr	meist / am meisten	(much)

Ich spreche besser Deutsch als Englisch.
I speak German better than French.

Erika schläft lieber auf dem Sofa als im Bett.
Erika likes sleeping on the sofa better than in the bed.

Richard isst mehr als seine Schwestern.

Richard eats more than his sisters.

-er, -el로 끝나는 형용사는 비교급에서 어간의 [e]를 생략한다.

bitter	bittrer	bitterst / am bittersten
teuer	teurer	teuerst / am teuersten
dunkel	dunkler	dunkelst / am dunkelsten

Gestern war es dunkel, aber heute ist es dunkler.

Yesterday it was dark, but today it is darker.

형용사 hoch는 비교급에서 [c]를 생략한다.

hoch	höher	höchst / am höchsten

Der Kühlschrank ist höher als die Tür.

The refrigerator is taller than the door.

형용사 nah는 최상급에서 [c]를 덧붙인다.

nah	näher	nächst / am nächsten

❖ 대등비교(원급비교)

대등한 비교는 so ... wie (as ... as) 표현을 이용한다.

Karl ist so groß wie Gerhard.

Karl is as tall as Gerhard.

Der Mantel kostet so viel wie das Kleid.

The coat costs as much as the dress.

Sie fahren so schnell wie wir.

They are driving as fast as we.

Eine Waschmaschine ist nicht so schwer wie ein Kühlschrank.

A washing machine is not as heavy as a refrigerator.

❖ 부사의 위치

독일어에서 부사는 일반적으로 동사 다음에 위치하고, 대명사가 있을 경우 대명사 다음에 온다. 부사가 여러 개 있을 경우는 '시간', '양상', '장소', '방법', '원인', '목적' 등의 순으로 위치한다. nicht는 장소부사 앞에 온다.

Wir sind immer krank.

We are always ill.

Er sagt mir nie die Wahrheit.

He never tells me the truth.

Sie ist jetzt leider draußen.

She is unfortunately outside now.

Er ist heute wirklich nicht hier.

He is really not here today.

Er kehrt heute von Paris mit Auto wegen seiner Geschäfte und zur Regelung seiner Geschäfte zurück.

1/ <보기>처럼 비교 문장을 만드시오.

보기

Wien / Göttingen / klein → Göttingen ist kleiner als Wien.

1. Berlin / Zürich / groß
2. San Francisco / München / alt
3. Hamburg / Athen / warm
4. das Matterhorn / Mount Everest / hoch
5. der Mississippi / der Rhein / lang
6. die Schweiz / Liechtenstein / klein
7. Leipzig / Kairo / kalt
8. ein Fernseher / eine Waschmaschine / billig
9. Schnaps / Bier / stark
10. ein Haus in der Stadt / ein Haus auf dem Land / schön
11. zehn Euro / zehn Dollar / viel
12. eine Wohnung in einem Studentenheim / ein Appartement / teuer
13. ein Fahrrad / ein Motorrad / schnell
14. ein Sofa / ein Stuhl / schwer
15. Milch / Bier / gut

2/ 다음 자료를 이용하여 보기와 같이 비교 문장을 만드시오.

	Herr Meier	Frau Werner	Frau Becker	Herr Wagner
Alter	45	34	34	53
Größe	1,79	1,70	1,68	1,70
Gewicht	72 kg	60 kg	58 kg	80 kg
IQ	110	110	125	90
wählt	CSU	SPD	FDP	SPD

※ 독일의 정당 :
CSU = Christlich-Soziale Union: konservativ
FDP = Freie Demokratische Partei: liberal
SPD = Sozialdemokratische Partei Deutschlands: progressiv

보기

Frau Becker / Frau Werner / alt.
→ Frau Becker ist so alt wie Frau Werner.
Frau Werner / Herr Meier / alt.
→ Herr Meier ist älter als Frau Werner.

1. Herr Meier / Herr Wagner / alt
2. Frau Werner / Herr Wagner / groß
3. Frau Werner / Frau Becker / groß
4. Frau Becker / Herr Wagner / klein
5. Frau Werner / Herr Wagner / leicht
6. Herr Meier / Frau Becker / schwer
7. Herr Meier / Frau Becker / intelligent
8. Frau Werner / Herr Meier / intelligent
9. Frau Becker / Herr Meier / progressiv

10. Herr Wagner / Frau Werner / progressiv

11. Herr Meier / Herr Wagner / konservativ

3/ <보기>와 같이 비교 문장을 만드시오.

보기

Das Tal des Todes (-86 m) liegt tiefer als das Kaspische Meer (-28 m).
→ Das Tote Meer (-396 m) liegt am tiefsten.

1. In Rom (25,6 °C) ist es im Sommer heißer als in München (17,2 °C).
2. In Wien (-1,4 °C) ist es im Winter kälter als in Paris (3,5 °C).
3. Liechtenstein (157 km^2) ist kleiner als Luxemburg (2586 km^2).
4. Deutschland (911년) ist älter als die Schweiz (1291년).
5. Kanada (1840년) ist jünger als die USA (1776년).
6. Der Mississippi (6021 km) ist länger als die Donau (2850 km)
7. Philadelphia (북위 40°) liegt nördlicher als Kairo.
8. Der Mont Blanc (4807 m) ist höher als der Mount Whitney (4418 m).
9. Österreich (83849 km^2) ist größer als die Schweiz (41288 km^2)

A. Athen (27,6 °C)
B. das Tote Meer (-396 m)
C. Deutschland (357,050 km^2)
D. Frankfurt (북위 50°)
E. Frankreich (498)
F. Monaco (1,49 km^2)
G. Moskau (-9,9 °C)
H. Mount Everest (8848 m)
I. Nil (6671 km)
J. Südafrika (1884)

4/ <보기>와 같이 비교급 문장과 최상급 문장을 만드시오.
[(+) = 최상급]

보기

alt / Tom / Lilly → Tom ist älter als Lilly.
alt (+) → Marie ist am ältesten.

	Tom	Lilly	Oskar	Marie
Alter	20	19	18	21
Größe	1.89 m	1.75 m	1.82 m	1.69 m
Gewicht	75 kg	65 kg	75 kg	57 kg
Haarlänge	20 cm	15 cm	5 cm	25 cm
Note in Deutsch	A	A	C	B

1. schwer / Marie / Lilly
2. schwer (+)
3. gut in Deutsch / Tom / Marie
4. gut in Deutsch (+)
5. klein / Lilly / Oskar
6. klein (+)
7. jung / Tom / Oskar
8. jung (+)
9. lang / Lillys Haare / Toms Haare
10. lang (+)
11. kurz / Maries Haare / Lillys Haare
12. kurz (+)
13. schlecht in Deutsch / Lilly / Marie
14. schlecht in Deutsch (+)

5/ 형용사 어미에 유의하면서 주어진 구로 <보기>와 같이 문장을 만드시오.

보기

Jonas / seine alte Tante / einen Brief schreiben
→ Jonas schreibt seiner alten Tante einen Brief.

1. Johanna / ihr neuer Freund / ihre Lieblings-CD leihen
2. Leon / der kleine Bruder von Johanna / eine Ratte verkaufen
3. Felix / nur seine besten Freunde / die Ratte verkaufen
4. Johanna / ihre beste Freundin / ein Buch schenken
5. Leon / sein wütender Lehrer / eine Krawatte kaufen
6. Felix / seine große Schwester / einen Witz erzählen
7. Johanna / die netten Leute von nebenan / Kaffee kochen
8. Felix / das süße Baby von nebenan / einen Kuss geben

6/ 비교급 문장을 만드시오.

1. (schnell) Mit dem Zug bist du ________ mit dem Auto.
2. (warm) In Spanien ist es heute ________ in Italien.
3. (dunkel) Im Sommer sind die Nächte ________ im Winter.
4. (schön) Ich arbeite gern, aber Urlaub ist einfach ________ Arbeit.
5. (hoch) Der Mont Blanc ist um 330 Meter ________ das Matterhorn.
6. (lang) Die Donau ist um die Hälfte ________ der Rhein.

7/ "so...wie" 혹은 "비교급 + „als"로 문장을 만드시오.

1. Paul ist sechs Jahre alt, Max auch.

Paul ist ________________ Max.

2. Emma ist acht Jahre alt, Tim ist sechs.

Emma ist ______________ Tim.

3. Rotwein schmeckt mir gut, Bier nicht so.

Rotwein schmeckt mir ________ Bier.

4. Jazz finde ich schön, Rockmusik auch.

Jazz finde ich __________ Rockmusik.

5. Das Motorrad fährt schnell, das Auto nicht.

Das Motorrad fährt __________ das Auto.

6. Fisch kostet viel, Kartoffeln kosten wenig.

Fisch kostet _____________ Kartoffeln.

8/ 주어진 형용사를 갖고 비교급으로 명령형 문장을 만드시오.

보기

früh • geduldig • langsam • laut • schnell • viel

1. Sie sprechen so leise. ____________________________
2. Du arbeitest so langsam. ____________________________
3. Du bist immer so ungeduldig. ____________________________
4. Ihr helft mir viel zu wenig. ____________________________
5. Du gehst zu spät schlafen. ____________________________
6. Du fährst sehr schnell. ____________________________

9/ 최상급 의문문을 만드시오.

1. gut spielen – welcher Fußballer ______________________
2. lang schlafen – welches Tier ______________________
3. schnell laufen – welche Sportlerin ______________________
4. laut klingen – welches Instrument ______________________
5. hart sein – welches Material ______________________
6. scharf schmecken – welche Speise ______________________

10/ 밑줄 친 곳에 알맞은 낱말을 넣어 비교하시오.

1. Fahr mit dem Zug, das ist bequemer _____ mit dem Auto.
2. In Berlin ist das Wetter heute nicht ____ schön ____ in München.
3. Jakob liebt Filme, aber „The Sound of Music" hat ihm ___ besten gefallen.
4. Das war ____ langweiligste Buch, das Moritz je gelesen hatte.
5. In Berlin leben mehr Leute _____ in München.
6. Noah ist nicht ____ groß _____ sein Freund Leon.

15 접속사

❖ 등위접속사: 절의 정상적인 어순에 영향을 주지 않는다. (정치법)

- aber — but

Er musste hier bleiben, aber ich durfte ins Kino gehen.

He had to stay here, but I could go to the movies.

- denn — for

Sie geht nicht mit, denn sie ist krank.

She isn't going along, for she is ill.

- oder — or

Sag ihm die Wahrheit, oder er wird sie von mir hören.

Tell him the truth, or he'll hear it from me.

- sondern — but (부정문 다음에 사용하며 '그와는 반대로'라는 뜻)

Sie fuhr nicht in die Stadt, sondern sie blieb zu Hause.

She did not go downtown, but she stayed home.

- und — and

Ich habe im Grass gelegen, und er hat gearbeitet.

I was lying in the grass, and he was working.

❖ 종속접속사:

- 종속접속사(dass, ob, weil 등)가 절을 이끈다.
- 종속절의 정동사는 문장 끝에 온다. (후치법)

als — when

Als er ins Zimmer kam, standen alle auf.

When he came into the room, everyone got up.

als ob — as if

Sie sieht aus, als ob sie krank gewesen wäre.

She looks as if she had been ill.

bevor — before

Bevor du ins Kino gehst, musst du mir noch helfen.

Before you go to the movies, you have to help me.

bis — until

Ich studierte, bis ich müde wurde.

I studied until I became tired.

da — since, as

Ich musste warten, da sie noch nicht angezogen war.

I had to wait since she wasn't dressed yet.

damit — in order to, so that

Ich rufe ihn an, damit er nicht kommt.

I'll call him so that he won't come.

- dass — that

  Ich weiß, dass er einen Hund hat.

  I know that he has a dog.

- je ... desto — the ... the

  Je mehr sie blutet, desto lauter schreit sie.-

  The more she is bleeding, the more loudly she is screaming.

- nachdem — after

  Er grüßte mich, nachdem ich ihn gegrüßt hatte.

  He greeted me after I had greeted him.

- ob — whether, if

  Sie wollen wissen, ob sie rauchen dürfen.

  They want to know whether they may smoke.

- obwohl — although

  Er ging, obwohl es sein Vater verboten hatte.

  He went although his father forbade it.

- seit, seitdem — since

  Seitdem wir weniger Benzin haben, bleiben wir öfters zu Hause.

  Since we have less gasoline, we stay home more often.

- während — while

  Ich studierte, während er einen Roman las.

  I studied while he was reading a novel.

weil — because

Wir konnten nichts kaufen, weil wir kein Geld hatten.

We couldn't buy anything because we had no money.

wenn — when

Wenn er nach Hause kommt, gehen wir ins Theater.

When he comes home, we go to the theater.

❖ 분리동사의 분리전철은 종속절에서 동사의 어간과 다시 합쳐져서 후치한다.

Renate ist müde. Sie steht immer früh auf →

Sie ist immer müde, wenn sie früh aufsteht.

❖ als와 wenn의 의미

- als는 과거의 일회성 행위를 서술할 때 사용하고, 과거, 현재완료, 과거완료 시제와 함께 사용된다.

Ich freute mich, als er die Goldmedaille gewann.

I was glad when he wont the gold medal.

- 조건절의 wenn은 영어의 if에 해당한다.
시간절의 wenn이 현재형 시제와 함께 사용되면 영어의 at the time when으로 번역될 수 있고, 이 경우 미래의 사건과 관련된다.

Wenn man auf diesen Knopf drückt, öffnet sich die Tür.

If you press this button, the door will open.

Ich gehe schwimmen, wenn es heiß wird.

I'll go swimming when it gets hot.

- wenn이 과거형 시제와 함께 사용되면 반복적인 행위를 서술하며, 영어의 whenever라는 의미를 가진다.

Wenn er hier war, gingen wir spezieren.

Whenever he was here, we went for a walk.

Wenn Herr Wagner nach Hause kommt, freuen sich die Kinder.

When(ever) Mr. Wagner comes home, the children are happy.

- 말하자면 영어의 when은 독일어의 als, wenn, wann(의문사) 등 세 가지 의미를 가진다.

Wann hast du deinen ersten Kuss bekommen?

When did you get your first kiss?

❖ damit과 um ... zu

- damit과 um ... zu는 모두 '목적'을 표현하지만, damit는 종속접속사로서 종속절을 이끌고, um ... zu는 부정사구이다. 즉 damit는 주절의 주어와 종속절의 주어가 상이할 때 사용하고, um ... zu는 부정사구의 주어가 주절의 주어와 동일하다고 할 때 사용한다.

Heidi macht das Fenster zu, damit Stefan nicht friert.

Heidi closes the window so that Stefan won't be cold.

Heidi macht das Fenster zu, um nicht zu frieren.

Heidi closes the window so as not to be cold.

❖ 부사적 접속사: 도치법

also

Ich denke, also bin ich da.

- dann

Sie müssen fleißig arbeiten, dann haben Sie im Leben Erfolg.

- deshalb

Heute ist das Wetter schlecht, deshalb gehe ich nicht spazieren.

- bald ... bald

Bald fährt er mit dem Zug, bald fliegt er mit dem Flugzeug.

- entweder ... oder

Entweder fahre ich mit dem Auto oder mit dem Zug.

- weder ... noch

Sie spricht weder Englisch, noch Französisch.

❖ 부문장: 세 가지 종류의 부문장이 있다.

- 종속접속사가 이끄는 종속절

Wir sind schnell gelaufen, weil wir den Bus noch erreichen wollten.

- 관계대명사가 이끄는 관계절

Das ist die Frau, die den großen Preis gewonnen hat.

- 간접의문문

Darf ich fragen, wann Herr Müller nach Hause kommt?

1/ <보기>와 같이 접속사 als 로 시작하는 문장으로 여러분들 인생의 전환점을 기술하세요.

보기

Als ich eins war, habe ich laufen gelernt.
Als ich zwei war, habe ich sprechen gelernt.
Als ich fünf war, bin ich in die Schule gekommen.

2/ wann, wenn, als 가운데 아래 대화의 밑줄 친 곳에 적당한 것은?

1. FELIX: ________ darf ich fernsehen?
   FRAU WEBER: ________ du deine Hausaufgaben gemacht hast.
2. LEON: Oma, ________ hast du Opa kennen gelernt?
   HANNA: ________ ich siebzehn war.
3. OSKAR: Was habt ihr gemacht, ________ ihr in München wart?
   SARA: Wir haben sehr viele Filme gesehen.
4. MARIE: ________ hast du Lina getroffen?
   NOAH: Gestern, ________ ich an der Uni war.
5. ALEX: ________ fliegst du nach Europa?
   PAUL: ________ ich genug Geld habe.
6. EMMA: Du spielst sehr gut Tennis. ________ hast du das gelernt?
   LILLY: ________ ich noch klein war.

3/ 아래 편지글의 밑줄 친 곳에 wann, wenn, als 가운데 적당한 것은?

Liebe Anna,
gestern Nachmittag musste ich meiner Oma mal wieder Kuchen und Wein bringen. Immer ________ ich mich mit meinen Freunden verabrede, will mein Vater irgend etwas von mir. Ich war ganz schön wütend. ________ich den

Korb zusammengepackt habe, habe ich leise geschimpft. ______ ich meine Oma besuche, muss ich immer ein bisschen dableiben und mich mit ihr unterhalten. Das ist langweilig und anstrengend, denn die Oma hört nicht mehr so gut. Außerdem wohnt sie am anderen Ende der Stadt. Auch _______ ich mit dem Bus fahre, dauert es mindestens zwei Stunden.

_______ ich aus dem Haus gekommen bin, habe ich an der Ecke Julian auf seinem Moped gesehen. _______ Ich ihn zum letzten Mal gesehen habe, haben wir uns prima unterhalten. „ _______ kommst du mal wieder ins Jugendzentrum?“ hat Julian gerufen. „Vielleicht heute gegen Abend“, habe ich geantwortet. _______ ich mich auf den Weg gemacht habe, hat es auch noch angefangen zu regnen. Und natürlich... wie immer ... ________ es regnet, habe ich keinen Regenschirm dabei. So viel für heute.

Tausend Grüsse
deine Johanna

4/ <보기>처럼 뜻이 통하도록 문장을 연결하시오.

보기

Nachdem Johanna den Schlüssel verloren hatte, kletterte sie durch das Fenster.

1. Nachdem Johanna den Schlüssel verloren hatte,
2. Nachdem Felix die Fensterscheibe eingeworfen hatte,
3. Nachdem Clara angekommen war,
4. Nachdem Jakob seine Hausaufgaben gemacht hatte,
5. Nachdem Jonas sein Fahrrad repariert hatte,
6. Nachdem Henry die Seiltänzerin gesehen hatte,
7. Nachdem Elias ein ganzes Jahr gespart hatte,

8. Nachdem Amelie zwei Semester allein gewohnt hatte,

9. Nachdem Ben ein Geräusch gehört hatte,

A. flog er nach Australien.

B. ging er ins Bett.

C. kletterte sie durch das Fenster

D. lief er weg.

E. machte er eine Radtour.

F. rief er den Großvater an.

G. rief sie Marie an.

H. war er ganz verliebt.

I. zog sie in eine Wohngemeinschaft.

5/ <보기>처럼 직접의문문을 Wissen Sie, ... 혹은 Können Sie mir sagen, ...으로 시작하여 보다 친절한 간접의문문으로 만드시오.

보기

Wo ist der Bahnhof? → Wissen Sie, wo der Bahnhof ist?
→ Können Sie mir sagen, wo der Bahnhof ist?

1. Wann fährt der nächste Zug nach Heidelberg?
2. Wie lange fährt man nach Heidelberg?
3. Wie groß ist Heidelberg?
4. Was gibt es in Heidelberg zu sehen?
5. Kann man dort gut essen gehen?
6. Gibt es in Heidelberg eine Universität?
7. Wie groß ist die Universität?

8. Ist es eine gute Universität?

9. Was kann man in Heidelberg abends machen?

10. Wann fährt der letzte Zug zurück?

6/ 아래 대화의 밑줄 친 곳에 dass, ob, weil, damit, wenn 접속사 가운데 적당한 것은?

1. OMA SCHULZ: Weißt du, _______ Opa schon den Rasen gemäht hat?
   KLARA: Ich weiß nur, _______ er schon seit zwei Stunden im Garten ist.
   OMA SCHULZ: _______ Opa schon so lange im Garten ist, liegt er bestimmt in der Sonne.

2. KLARA: Du, Opi, was machst du denn im Gras?
   OPA SCHULZ: Ich habe mich nur kurz hingelegt, _______ mich die Nachbarn nicht sehen.
   KLARA: Aber warum sollen die dich denn nicht sehen?
   OPA SCHULZ: _______ ich mich heute noch nicht rasiert habe.

7/ 아래 대화의 밑줄 친 곳에 obwohl, als, nachdem, bevor, während 접속사 가운데 적당한 것은?

1. HERR HARTMANN: Was hat denn deine Tochter gesagt, _______ du mit deiner neuen Frisur nach Hause gekommen bist?
   HERR SCHWARZ: Zuerst gar nichts. Erst _______ sie ein paar Mal um mich herumgegangen war, hat sie angefangen zu lachen und gesagt: „Aber, Papi, erst fast eine Glatze und jetzt so viele Haare. Das sieht aber komisch aus!"

2. FRAU NEUMANN: Guten Tag, Herr Becker! Kommen Sie doch bitte erst zu mir, _______ Sie mit Ihrer Arbeit beginnen.
   HERR BECKER: Aber natürlich, Frau Direktorin.

3. JONAS: Ja, seid ihr denn immer noch nicht fertig? Was habt ihr eigentlich

die ganze Zeit gemacht?

MARIE: _______ du dich stundenlang geduscht hast, haben wir die ganze Wohnung aufgeräumt.

4. LUISA: Aber, Herr Wachtmeister, können Sie nicht mal ein Auge zudrücken?
Die Ampel war doch schon fast wieder grün.

POLIZIST: Nein, leider nicht, _______ ich es gern tun würde, meine gnädige Frau. Aber sie wissen ja, Pflicht ist Pflicht.

8/ 성공적인 대학생활을 위해서는 무엇을 해야 하는지 <보기>처럼 문장을 만드시오.

보기

Um gute Noten zu bekommen, muss man fleißig lernen.

1. morgens munter sein
2. die Professoren kennen lernen
3. die Mitstudenten kennen lernen
4. am Wochenende nicht allein sein
5. die Kurse bekommen, die man will
6. in vier Jahren fertig werden
7. nicht verhungern
8. einen Freund / eine Freundin finden
9. eine gute Note in Deutsch bekommen
10. nicht ins Sprachlabor gehen müssen

A. Deutsch belegen

B. sich die Kassetten kaufen oder ausleihen

C. früh ins Bett gehen

D. in die Sprechstunde gehen

E. jeden Tag zum Unterricht kommen

F. Leute einladen

G. regelmäßig essen

H. sich so früh wie möglich einschreiben

I. viel Gruppenarbeit machen

J. viel lernen and wenig Feste feiern

9/ 그룹 1과 그룹 2의 문장을 <보기>처럼 접속사를 사용하여 연결하시오.

보기

Ich möchte immer hier leben. Dieses Land ist das beste Land der Welt. →
Ich möchte immer hier leben, weil dieses Land das beste Land der welt ist.

GRUPPE 1

Ich möchte immer hier leben.

Ich möchte für ein paar Jahre in Deutschland leben.

Ausländer haben oft Probleme.

Wenn ich Kinder habe, möchte ich hier leben.

Viele Ausländer kommen hierher.

Englisch sollte die einzige offizielle Sprache (der USA, Kanadas usw.) sein.

GRUPPE 2

Ausländer verstehen die Sprache und Kultur des Gastlandes nicht.

Ich möchte richtig gut Deutsch lernen.

Dieses Land ist das beste Land der Welt.

Hier kann man gut Geld verdienen.

Meine Kinder sollen als (Amerikaner, Kanadier, Australier, usw.) aufwachsen.

Aus der multikulturellen soll eine homogene Gemeinschaft werden.

10/ 의미가 통하도록 연결하시오.

1. Vor dreißig Jahren gab es weder Handys ________
2. Viele Leute können entweder zu Hause arbeiten ________
3. Bald werden wir nicht mehr über Telefone telefonieren, ________
4. Ich habe ein altes Handy, ________
5. Ich kaufe mir kein neues, ________

A. sondern über den Computer.

B. aber es funktioniert sehr gut.

D. noch E-Mails.

D. denn das alte ist noch gut.

E. oder in der Firma.

11/ 밑줄 친 곳에 알맞은 접속사를 <보기>에서 고르시오.

보기

sowohl...als auch • aber • denn • weder...noch • und • oder

Julian studiert Informatik ______(1) er arbeitet als Programmierer bei SOS-Com, ______(2) in seiner Freizeit sitzt er nicht gerne am Computer. In seiner Freizeit trifft er sich lieber mit Freunden ______(3) er geht schwimmen. Er geht gern schwimmen, ______(4) er mag Wasser. Aber er macht auch andere Dinge gern: Er macht ______ gern Wanderungen ______(5) Radtouren. Aber er mag keine Ballsportarten: Er spielt _____ gern Volleyball _____(6) Fußball.

12/ 의미가 통하도록 연결하시오.

1. Am Montag ist die Besprechung. Ich muss die Arbeit am Wochenende fertig machen. ________
2. Ich weiß, dass du viel zu tun hast, ________
3. Ich muss heute Abend arbeiten, ________
4. Geht schon mal ins Cafe. Ich muss noch telefonieren, ________

A. dann komme ich nach.

B. trotzdem kannst du mich mal anrufen!

C. sonst schaffe ich es nicht mehr rechtzeitig. Am Montag habe ich keine Zeit mehr dafür.

D. deshalb kann ich nicht ins Kino mitkommen.

13/ 밑줄 친 곳에 알맞은 낱말을 <보기>에서 고르시오.

보기

sonst • deshalb • dann • sonst • darum • trotzdem

○ Ich habe nächste Woche eine wichtige Prüfung in Mathe, ______(1) kann ich mich nicht konzentrieren. Ich muss wirklich lernen, ______(2) schaffe ich die Prüfung nicht.

● Mir geht es im Moment so ähnlich, ich muss für die Zwischenprüfung lernen. Ich mache immer irgendwas anderes, ______(3) habe ich noch nichts gelernt. Aber ich muss unbedingt anfangen, ______(4) bestehe ich die Prüfung auch nicht.

○ Vielleicht sollten wir zusammen lernen? Ich fühle mich beim Lernen immer so allein, ______(5) lerne ich lieber gleichzeitig mit jemand anderem.

● Ja, das ist eine gute Idee, ______(6) können wir auch zusammen Pausen machen.

○ Ja, das ist super, so macht das Lernen auch mehr spaß!

14/ 주어진 낱말 혹은 구로 문장을 만드시오.

1. Ich / mich / freuen // weil / ich / heute / nicht / arbeiten müssen.
2. Können / du / mich / anrufen // wenn / du / zu Hause / sein?
3. Dort / sein / die Frau // die / mich / mitgenommen haben.
4. Das / sein / sehr einfach // wenn / du / gut aufpassen.
5. Ich / nicht wissen // ob / ich dich / später / anrufen können.

15/ 아래 „dass"-문장 가운데 „zu"-부정형구로 표현이 가능한 것을 표시하시오.

	„zu"-부정형구 가능	„zu"-부정형구 불가능
1. Julian hofft, dass er die U-Bahn nicht verpasst.		
2. Aber er hat Pech. Er ärgert sich, dass die U-Bahn weg ist.		
3. Er schafft es trotzdem, dass er pünktlich kommt.		
4. Er hat seinem Chef versprochen, dass er heute das Protokoll schreibt.		
5. Um 19 Uhr ist er froh, dass das Protokoll endlich fertig ist.		

16/ 뜻이 통하도록 연결하시오.

1. Ich schlafe lange, _____ A. wenn ich Kopfschmerzen habe.
2. Ich fahre in die Berge, _____ B. wenn ich für Freunde koche.
3. Ich nehme eine Tablette, _____ C. wenn ich Zeit habe.
4. Ich kaufe frisches Obst und Gemüse, _____ D. wenn das Wetter schön ist.

17/ 주어진 낱말 혹은 구로 문장을 만드시오.

1. ich / nach Berlin / fahre - wenn - ich / Urlaub / bekomme
2. wenn - in Berlin / ich / bin - zum Potsdamer Platz / ich / gehe
3. wenn - das Wetter / schlecht / ist - in ein Museum / ich / gehe
4. wenn - Zeit / ich / habe - am Abend / ich / für / Emma und Leon/ koche

18/ 밑줄 친 곳에 접속사 „wenn“ 혹은 „als“를 넣으시오.

_______(1) ich zum ersten Mal eine lange Busfahrt gemacht habe, hatte ich großen Durst und nichts zu trinken dabei. Heute nehme ich immer eine Flasche Wasser mit, _______(2) ich mit dem Bus unterwegs bin. Ich frage immer genau nach, _______(3) ich auf Reisen etwas nicht verstehe. Ich bin einmal mit dem Zug gefahren und in einer falschen Stadt ausgestiegen, _______(4) ich nach Würzburg fahren wollte.

19/ 밑줄 친 곳에 알맞은 접속사를 <보기>에서 고르시오

보기

bis • seit • bevor • nachdem

○ Ich gehe etwas essen. ________(1) ich gefrühstückt habe, habe ich nichts mehr gegessen. Kommst du mit?

● Nein! Ich warte hier so lange, ________(2) du wiederkommst.

○ Na toll. Ich gehe jetzt. Und du wirst sehen: ________(3) ich was gegessen habe, geht es mir viel besser. Willst du nicht noch mal nachdenken, ________(4) du,, Nein!“ sagst?

20/ 밑줄 친 곳에 알맞은 접속사를 <보기>에서 고르시오.

보기

als • wenn • seit • bevor • nachdem • während

________(1) ich zum ersten Mal in Deutschland war, habe ich nichts verstanden. Das hat mich sehr gestört! ________(2) ich vor vier Jahren dort war, lerne ich Deutsch. Es macht mir Spaß. Und immer ________(3) ich keine Lust habe zu lernen, denke ich an meine Deutschlandreisen. Ich war 2015 zum ersten Mal hier. ________(4) ich am Bahnhof von Berlin ankam, wusste ich nicht wohin. Ich hatte mich überhaupt nicht um ein Hotel gekümmert, ________(5) ich losgefahren war. Aber ich habe schnell Leute kennengelernt und alle haben mir geholfen. Ich bin dann erst mal in eine kleine Pension gegangen. ________(6) ich auf dem Zimmer ein Stück Pizza gegessen habe, habe ich mir den Stadtplan von Berlin angesehen. ________(7) ich die Pizza aufgegessen hatte, bin ich losgegangen und habe Berlin entdeckt.

21/ 접속사 „da“ 혹은 „weil“로 시작하여 문장을 연결하시오.

1. S-Bahn / haben / am Freitagmorgen / Unfall – ich / zu spät / zum Flughafen / kommen
2. ich / nicht aussteigen / aus der S-Bahn / können – den Flug nach Frankfurt / ich / verpassen
3. ein Vorstellungsgespräch in Frankfurt / ich / um 9 Uhr / verpassen – ich / sein / sehr wütend
4. sein / Reise nach Frankfurt / für mich / sinnlos – ich / Geld für das Ticket / zurückfordern

22/ 접속사 „obwohl“를 이용하여 문장을 만드시오.

1. viel Arbeit haben - am Wochenende wegfahren,
2. ein teures Hotel buchen - ein kleines Zimmer haben,
3. wenig Zeit haben - ein Museum besuchen,
4. nicht viel Geld haben - in ein gutes Restaurant gehen,
5. schlechtes Wetter sein - ein schönes Wochenende sein

23/ 뜻이 통하도록 연결하시오.

1. Jonas hat einen Radiowecker gekauft	___	A. Jonas wecken
2. Laura geht in Jonas´ Zimmer	___	B. einen zweiten Wecker für Jonas kaufen
3. Jonas steht auf	___	C. nicht mehr verschlafen
4. Laura geht in die Stadt	___	D. frühstücken

24/ 연습문제 23을 “ um...zu”를 사용하여 연결하시오.

25/ „um...zu“ 혹은 „damit“로 연결하시오.

1. Jonas braucht keinen Wecker. Er steht früh auf.
2. Er muss jeden Tag früh aufstehen. Er geht mit Toby spazieren.
3. Toby sitzt jeden Morgen neben Jonas´ Bett und zieht an der Decke. Jonas wacht auf.
4. Manchmal muss Jonas kalt duschen. Er wird richtig wach.

26/ 접속사 „sodass“를 이용하여 연결하되 명령형 문장으로 만드시오.

1. sofort aufstehen - nicht wieder einschlafen können
2. Wecker so weit weg vom Bett stellen - aufstehen müssen
3. eine Flasche Wasser neben das Bett stellen - morgens gleich einen Schluck trinken können.
4. regelmäßig früh aufstehen - sich ans Aufstehen gewöhnen

27/ 밑줄 친 곳에 알맞은 낱말을 <보기>에서 고르시오.

보기

um...zu • damit • dass • sodass

1. Luisa fährt in die Stadt, _____ für Jonas einen Wecker _____ kaufen.
2. Sie will Jonas den Wecker schenken, _____ sie ihn nicht jeden Morgen wecken muss.
3. Er soll den Wecker dann so weit vom Bett weg stellen, _____ er aufstehen muss, wenn der Wecker klingelt.
4. Hoffentlich steht Jonas dann auch schnell auf, _____ Luisa nicht auch wach wird.

28/ 의미가 통하도록 연결하시오.

1. Je länger ich abends wach bin, ____ A. desto schneller bin ich abends müde.
2. Je früher ich aufstehe, ____ B. desto fauler werde ich.
3. Je weniger Sport ich mache, ____ C. desto schöner die Gäste.
4. Je später der Abend, ____ D. desto müder bin ich morgens.

29/ 밑줄 친 곳에 알맞은 형용사를 변화시켜 적으시오.

1. Je ____(lang) ich über den Tag nachdenke, desto ____(schön) wird er.
2. Je ____(alt) ich werde, desto _____(oft) denke ich an die Schulzeit.
3. Je ____(lang) Emma in Berlin ist, desto ____(gut) gefällt es ihr.
4. Je _____(wenig) Kaffee ich trinke, desto _____(ruhig) werde ich.

30/ 문장을 연결하여 복합문으로 만드시오.

1. Sofia geht abends spät ins Bett. Das Aufstehen ist schwer für sie.
2. Der Wecker klingelt oft. Sofia wird wütend.
3. Es ist morgens lange dunkel. Sofia bleibt gern im Bett liegen.
4. Sofia hat es eilig. Die Straßenbahn fährt langsam.

31/ 알맞은 접속사 혹은 관계대명사를 <보기>에서 고르시오.

보기

der • wenn • dass • bevor • ob • bis • ob • denen • bis • ob

Ich weiß noch nicht, _____(1) ich dieses Jahr im Dezember wieder Urlaub bekomme. Aber ich hofft sehr, _____(2) es klappt. Es dauert noch zwei

Wochen, _____(3) mir mein Chef Bescheid geben kann. Erstes, ______(4) meinen Urlaubsantrag unterschreiben muss. _____(5) ich Urlaub bekomme, möchte ich Ski fahren gehen. Ich würde gerne wieder mit Freunden, mit _____(6) ich auch letztes Jahr Ski fahren war, Urlaub machen. Wir überlegen noch, _____(7) wir in ein Hotel gehen sollen, oder _____(8) wir ein Appartement mieten sollen. Darüber müssen wir uns erst noch einigen, _____(9) wir richtig suchen können. Und auch zwei andere Freunde müssen noch warten, _____(10) ihr Chef die Urlaubsanträge unterschrieben hat.

32/ 문장을 연결하시오.

1. Ich fahre nicht gern Auto - weil - man steht oft im Stau
2. Sie sagt - dass - sie fährt gern mit dem Zug
3. Sie ist früh aufgestanden - trotzdem - sie hat den Zug verpasst
4. Er spricht viel Deutsch - seit - er ist in Berlin
5. Wir gehen heute ins Kino - sowohl ... als auch - wir gehen heute indisch essen
6. Er kauft ein Handy - damit - er kann seinen Freunden in Korea SMS schicken
7. Mit diesem Handy kann man telefonieren - nicht nur ... sondern auch - man kann damit Fotos machen
8. Ich gehe ins Internet - um ... zu - die Wettervorhersage ansehen
9. Ich warte lange auf dich - je ... desto - ich mache mir viele Sorgen.
10. Er hat noch einen wichtigen Termin - dann - er ruft Sie an

33/ 주어진 낱말로 문장을 연결하시오.

1. (deswegen, denn, weil): Ich habe jetzt keine Zeit. Ich rufe dich morgen zurück.
2. (seit): Ich warte hier. Es ist niemand gekommen.
3. (bis): Ich warte hier. Es kommt jemand.
4. (und; sowohl ... als auch): Ich bin müde. Ich bin durstig.
5. (aber, obwohl, trotzdem): Ich komme mit. Ich habe wenig Zeit.

34/ 의미가 같은 다른 표현의 문장을 만드시오.

1. Ich komme zu deiner Feier, obwohl ich nur wenig Zeit habe.
2. Ich habe eine Frage: „Gibt es hier eine Toilette?"
3. Ich kann heute nicht kommen, weil ich krank bin.
4. Ich stelle mir zwei Wecker, damit ich nicht verschlafe.
5. Ich schicke Ihnen die Informationen. Sie hatten Interesse an den Informationen.

16 관계절과 관계대명사

❖ 관계대명사: 선행사를 수식하는 관계절을 이끈다.

- der형과 welcher형이 있다. 주로 der형이 사용되고, welcher형은 중복을 피하기 위한 문체적인 요인으로만 사용된다.

- 관계대명사의 격변화

	남성	여성	중성	복수
1격	der	die	das	die
2격	dessen	deren	dessen	deren
3격	dem	der	dem	denen
4격	den	die	das	die
1격	welcher	welche	welches	welche
2격	dessen	deren	dessen	deren
3격	welchem	welcher	welchem	welchen
4격	welchen	welche	welches	welche

- 관계대명사의 성 · 수는 선행사의 성 · 수와 일치한다.

- 관계대명사의 격은 관계절에서의 역할에 의하여 결정된다.

- 관계절 또한 종속절이므로 정동사는 후치되고, 콤마로 주절과 분리하여 표시한다.

- 관계대명사 앞에 전치사가 올 수 있다. 이 때 선행사가 사물인 경우 "wo(r)+전치사" 형식이 사용되기도 한다.

- 영어에서는 관계대명사가 생략되는 경우도 있지만, 독일어에서는 생략될 수 없다.

Das ist der Mantel, den ich letzte Woche gekauft habe.

That is the coat (that) I bought last week.

❖ 1격 관계대명사

Kennst du den Mann, der dort steht?

Do you know the man who is standing there?

Otto kommt von der Lehrerin, die ihm das Problem erklärt hat.

Otto is coming from the teacher who explained the problem to him.

Das Mädchen, das dort steht, ist seine Schwester.

The girl who is standing there is his sister.

Siehst du die Vögel, die dort auf dem Baum sitzen?

Do you see the birds that are sitting there on the tree?

Die Dame, welche (die) die Brosche gekauft hat, ist sehr reich.

❖ 4격 관계대명사

Der Anzug, den du trägst, ist altmodisch.

The suit that you are wearing is old fashioned.

Die Geschichte, die wir gelesen haben, war sehr lang.

The story that we read was very long.

Das Haus, in das wir ziehen, ist hundert Jahre alt.

The house into which we are moving is one hundred years old.

Das sind die Freunde, für die ich es gekauft habe.

Those are the friends for whom I bought it.

❖ 3격 관계대명사

Dort liegt der Hund, vor dem ich Angst habe.

There lies the dog of which I am afraid.

Heute besucht mich meine Freundin, von der ich dir erzählt habe.

My girl friend, about whom I told you, is visiting me today.

Das Mädchen, dem ich die Kette gegeben hatte, hat es verloren.

The girl to whom I had given the necklace lost it.

Die Studenten, neben denen er sitzt, sind sehr intelligent.

The students next to whom he is sitting are very intelligent.

❖ 2격 관계대명사

Ich treffe meinen Freund, dessen Auto ich brauche.

I'll meet my friend whose car I need.

Dort ist die Dame, deren Geld ich gefunden habe.

There is the lady whose money I found.

Das Haus, dessen Baustil mir gefällt, wurde 1910 gebaut.

The house, the style of which I like, was built in 1910.

Die Kinder, deren Katze verletzt wurde, laufen zum Tierarzt.

The children whose cat was injured are running to the veterinarian.

❖ 부정관계대명사: wer와 was가 있다.

- wer (whoever)는 선행사를 따로 취하지 않는다.

  Wer mitgehen will, muss um fünf Uhr hier sein.

  Whoever wants to come along has to be here at five o'clock.

- was (that, which)는 사물을 지시하는 부정대명사 (alles, nichts, etwas 등)와 관계하며, 선행하는 절의 일부나 전체를 받을 수 있다.

  Er erzählte mir etwas, was ich schon wusste.

  He told me something that I knew already.

  Er hatte das Geld gewonnen, was mich sehr freute.

  He had won the money, about which I was very glad.

- 선행사가 국가, 도시, 장소 이름일 때 관계대명사를 대신하는 대용어로 wo를 사용한다.

  Er besucht London, wo er viele Freunde hat.

  He is visiting London, where he has many friends.

- 관계대명사가 전치사와 함께 사용될 때 전치사의 격지배를 받는다.

  Ich spreche am liebsten mit meinem Bruder.

  Most of all I like to talk with my brother.

  Mein Bruder ist der Mensch, mit dem ich am liebsten spreche.

  My brother is the person (whom) I like to talk with most of all.

  Wer war die Frau, mit der ich dich gestern gesehen habe?

  Who was the woman (whom) I saw you with yesterday?

- 관계대명사가 전치사와 함께 사용되고 사물이나 생각들을 지시할 때, "wo(r)+전치사"를 대용어로 사용할 수 있다.

  Das Paket, worauf (auf das) er wartet, soll heute ankommen.

  The package for which he is waiting is supposed to arrive today.

1/ 주어진 구를 이용하여 <보기>처럼 관계절 문장을 만드시오.

보기

Ich mag Leute, die spät ins Bett gehen.

nett sein	betrunken sein	langweilig sein
laut lachen	interessant aussehen	gern verreisen
Spaß machen	exotisch sein	viel sprechen
schnell fahren		?

1. Ich mag Leute, die ...
2. Ich mag keine Leute, die ...
3. Ich mag eine Stadt, die ...
4. Ich mag keine Stadt, die ...
5. Ich mag einen Mann, der ...
6. Ich mag keinen Mann, der ...
7. Ich mag eine Frau, die ...
8. Ich mag keine Frau, die ...
9. Ich mag einen Urlaub, der ...
10. Ich mag ein Auto, das ...

2/ <보기>처럼 관계절을 이용하여 질문해보세요.

보기

Amerika: Den Kontinent hat Kolumbus entdeckt.
→ Wie heißt der Kontinent, den Kolumbus entdeckt hat?

1. Europa	A. Auf diesem See in Utah kann man segeln.
2. Mississippi	B. Diese Insel sieht man von New York.
3. San Francisco	C. Diese Stadt liegt an einer Bucht.
4. die Alpen	D. Diese Wüste kennt man aus vielen Filmen.
5. Washington	E. Diesem Staat in den USA hat ein Präsident seinen Namen gegeben.
6. das Tal des Todes	F. In diesem Tal ist es sehr heiß.
7. Ellis	G. In diesen Bergen kann man sehr gut Ski fahren.
8. der Pazifik	H. Dieser Kontinent ist eigentlich eine Halbinsel von Asien.
9. die Sahara	I. Über dieses Meer fliegt man nach Hawaii.
10. der Große Salzsee	J. Von diesem Fluss erzählt Mark Twain.

3/ 밑줄 친 곳에 알맞은 관계대명사는?

1. Hast du das Buch, _______ ich dir geschenkt habe, schon gelesen?
2. Wo sind denn die Zeitschriften, ______ ich gestern gekauft habe?
3. Gibst du mir bitte den Stift, _______ da auf dem Tisch liegt?
4. Das Mädchen, ______ mit dem Hund spielt, wohnt neben mir.
5. Der Computer, ______ ich letzte Woche gekauft habe, ist kuputt.

4/ 아래 대화의 밑줄 친 곳에 알맞은 관계대명사는?

Elias: Wann gehen wir in den Kinofilm, von _______(1) ich dir erzählt habe?

Julian: Meinst du den Film, in _________(2) es um zwei Frauen geht, _________(3) im gleichen Haus wohnen?

Elias: Ja, den meine ich. Er läuft heute um acht in dem Kino, in

_________(4) wir letztes Mal auch waren. Wir könnten vorher noch in das thailändische Restaurant gehen, ________(5) es so leckeres Essen gibt.

Julian: gerne, das ist eine gute Idee.

5/ 아래 대화의 밑줄 친 곳에 알맞은 관계대명사는?

Lukas: Sag mal, wer ist denn das hier?

Moritz: Das? Das ist doch Felix, ________(1) mit Emilia befreundet war.

Lukas: Ach ja. Und das ist Emilia, ________(2) im Unterricht immer geredet hat.

Moritz: Genau. Erinnerst du dich noch an Mathe? Emilia hat den Lehrer immer geärgert.

Lukas: Ja! Das war der Lehrer, ________(3) Emilia nicht gemocht hat. Emilia hat die ganze Zeit nicht aufgepasst, aber dann hat sie immer alles gewusst. Wie hieß noch mal der Lehrer?

Moritz: Jakob war sein Name.

Lukas: Das war doch der, ________(4) mit der Physiklehrerin verheiratet war.

Moritz: Ja, die beiden, _________(5) zusammen im Wohnmobil auf dem Schulparkplatz gewohnt haben.

6/ 밑줄 친 곳에 알맞은 관계대명사를 적어시오.

1. Ist das der Schüler, ________ Sie angerufen hat?
2. Gut, das ist also der Schüler, über ________ Sie sich beschweren.
3. Sind das die Fotos, ________ Sie im Unterricht gemacht haben?
4. Ist das alles, _________ Sie dazu sagen können?
5. Das ist typisch für Lehrer, _________ der Unterricht keinen Spaß macht.

7/ 아래 문장들을 관계대명사를 사용하여 연결하시오.

1. Wie heißt das Mädchen? Wir haben es kennengelernt.
2. Liest du die Zeitung? Sie liegt auf dem Tisch.
3. Kennst du den Herrn? Wir haben ihn getroffen.
4. Heute kam der Junge. Er hatte uns damals geholfen.
5. Kennst du die Leute? Sie gehen dort spazieren.
6. Wo sind die Blumen? Ich habe sie gekauft.
7. Dort sitzt der Tourist. Du sollst ihm das Essen bringen.
8. Kennst du meine Geschwister. Ich wohne bei ihnen.
9. Die Leiter ist kaputt. Er steht darauf.
10. Hier ist das Auto. Wir fahren damit spazieren.
11. Der Stuhl ist alt. Du sitzt darauf.

8/ 밑줄 친 곳에 알맞은 부정관계대명사를 넣으세요.

1. ________ mir hilft, wird belohnt.
2. ________ er sagt, ist die Wahrheit.
3. ________ das Geld genommen hat, soll es zurückgeben.
4. ________ er auch will, bekommt er.
5. ________ das Problem löst, bekommt den Preis.

9/ 밑줄 친 곳에 적절한 관계대명사 또는 상응하는 대용어를 넣으세요.

1. Er hat nichts, ________ großen Wert hat.
2. Wir sind in Bayern, ________ es viele Barockkirchen gibt.
3. Wir fahren in die Alpen, ________ man gut skifahren kann.

4. Er ist sehr krank, ________ mir große Sorgen macht.

5. Alles, ________ ich habe, hat Lena mir geschenkt.

6. Er weiß etwas, ________ sehr wichtig ist.

7. Wir landen in Frankfurt, ________ es den internationalen Flughafen gibt.

8. Er ist der beste Sportler, ________ mich sehr freut.

10/ 다음 문장의 관계대명사를 "wo+전치사" 대용어로 바꾸어 고쳐 쓰세요.

1. Der Stuhl, auf dem du sitzt, ist eine Rarität.

2. Wir besuchen das Haus, in dem Goethe geboren wurde.

3. Ist das das Spielzeug, mit dem sie sich so amüsiert?

4. Dort ist die Kirche, nach der er fragte.

5. Sind das die Bücher, für die du dich interessierst?

6. Wo ist der Brief, auf den er wartet?

7. Das Problem, über das ihr sprecht, ist schwer.

8. Wo ist die Ruine, von der er erzählt?

17 미래형

❖ 미래형: werden + 부정형동사

Ich werde dich nicht vergessen.	I shall not forget you.
Werdet ihr auch kommen?	Will you also come?
Wir werden einen Hund kaufen.	We are going to buy a dog.
Ich weiß, dass du kommen wirst.	I know that you will come.

- 문장에서 시간부사가 없을 때 미래형 시제가 이용되지만, 시간부사가 표현될 때는 대부분 현재형 시제를 이용하는 것이 일반적이다.

Wir werden unsre Freunde besuchen.	We shall visit our friends.
Ich fahre morgen nach Stuttgart.	I am going to Stuttgart tomorrow.

- 독일어의 미래형 시제는 '개연성'이나 '추측' 등 양상의 의미로 더 많이 이용된다. 따라서 vielleicht (perhaps)와 wohl (probably)과 같은 부사와 함께 사용되는 경우가 많다.

Du wirst wohl müde sein.
You are probably tired.

Sie werden vielleicht schlafen.
Perhaps they are sleeping.

Mein Freund wird jetzt wohl zu Hause sein.
My friend should be home now.

1/ 내일부터 무엇을 하고, 무엇을 하지 말아야 할지 결심하고자 한다. <보기>처럼 주어진 구를 이용하여 문장을 만들어보세요.

보기

Ich werde nicht mehr so oft zu McDonald´s gehen.
Ich werde mehr Obst und Gemüse essen.

weniger/mehr fernsehen

weniger/mehr arbeiten

weniger/mehr lernen

weniger oft/öfter selbst kochen

weniger oft/öfter ins Kino gehen

weniger gesund/gesünder essen

früher/später ins Bett gehen

weniger/mehr Kurse belegen

2/ 주어진 구를 이용하여 <보기>처럼 예측하는 문장을 만드세요.

보기

Dieses Jahr werden die Bayern München den DFB-Pokal gewinnen.
Nächstes Jahr werden wir einen republikanischen Gouverneur wählen.

1. die Wimbledon-Spiele gewinnen
2. einen tollen Job bekommen
3. in eine andere Wohnung ziehen
4. mit dem Studium fertig werden
5. die Studiengebühren fallen/steigen
6. weniger Steuern bezahlen
7. der Papst nach Mexiko fliegen
8. gute Noten bekommen

3/ 주어진 동사로 아래 문장들을 미래형 문장으로 만드시오.

1. _______ du ________? (telefonieren)
2. Die Leute ______ es nicht ________. (glauben)
3. Ich ______ die Rechnung ________. (bezahlen)
4. Er ______ es ________. (lesen)
5. _______ ihr uns ________? (helfen)
6. Die Kinder _______ den Brief _______. (schreiben)
7. _______ du den Mantel _________. (kaufen)
8. Was _______ ihr ________? (bestellen)
9. Warum _______ er nicht ________? (kommen)
10. Ich ______ es nicht ________. (vergessen)

4/ 아래 문장들의 시제부사들을 제거하고 미래형 문장으로 바꾸시오.

1. Wir bringen morgen das Auto.
2. Ich fahre nächste Woche nach Berlin.
3. Kommst du übermorgen?
4. Er schreibt das Gedicht morgen abend.
5. Zeigt ihr euren Eltern das Haus nächsten Monat?
6. Sie arbeiten heute abend.
7. Ich esse morgen bei Clara.
8. Kaufst du es morgen nachmittag?

5/ 다음 영어 문장을 독일어로 옮기시오.

1. Perhaps she is ill.
2. We are probably coming.
3. Perhaps they are crying.
4. Children, you are probably hungry.
5. Paul, you probably know it.
6. I am probably going.
7. He is probably working.
8. Perhaps they are helping.

18 수동형

❖ 수동문의 형태: werden + 과거분사형

	현재형	과거형	현재완료형
단수	ich werde gefragt	ich wurde gefragt	ich bin gefragt worden
	du wirst gefragt	du wurdest gefragt	du bist gefragt worden
	er wird gefragt	er wurde gefragt	er ist gefragt worden
복수	wir werden gefragt	wir wurden gefragt	wir sind gefragt worden
	ihr werdet gefragt	ihr wurdet gefragt	ihr seid gefragt worden
	sie werden gefragt	sie wurden gefragt	sie sind gefragt worden

❖ 수동문의 용법

- 능동형에서는 '행위자'가 중요하지만, 수동형에서는 문장의 '행위' 자체에 초점이 옮겨진다.

능동문: **Der Arzt** impft die Kinder.
The physician inoculates the children.

수동문: Die Kinder **werden geimpft**.
The children are (being) inoculated.

- 능동문의 4격 목적어가 수동문에서는 주어가 된다.

능동문: Der Arzt untersucht **den Patienten** vor der Operation.

수동문: **Der Patienten** wird vor der Operation untersucht.

- 능동문에 4격 목적어가 없다면, 수동문에서 주어가 없이 사용된다. 이때 3격 목적어나 기타 문장 성분이 문장 첫 째 위치에 올 수 있고, 가주어인 Es를 사용할 수도 있다. 능동문의 3격 목적어는 수동문에서도 3격 목적어로 남는다.

능동문: Die Arzt hilft ihm. The doctor is helping him.

수동문: Ihm wird geholfen. / Es wird ihm geholfen.

- 수동문에서는 '행위자'가 누구인지 모르거나 명시되지 않는 경우가 많다.

Die Tür wird geschlossen. The door is (being) closed.

Die Vorlesung wird gehalten. The lecture is (being) held.

- '행위자'에 대한 정보가 중요할 때는 수동문에서도 사용할 수 있고, 이때 '행위자'는 전치사 von, durch, mit과 함께 사용된다.

능동문: Die Chefärztin operiert den Patienten.

수동문: Der Patient wird von der Chefärztin operiert.
von + 3격 → 사람이 '행위자'인 경우

능동문: Schlechte Zahnpflege verursacht oft Zahnprobleme.

수동문: Zahnprobleme werden oft durch schlechte Zahnpflege verursacht.
durch + 4격 → 원인 또는 간접적인 수단에 의한 경우

능동문: Eine Spritze beruhigt die Patientin.

수동문: Die Patientin wird mit einer Spritze beruhigt.
mit + 3격 → 직접적인 도구/재료에 의한 경우

❖ 상태 수동형: sein + 과거분사

werden 수동형 (동작 수동형)의 결과로 나타난 상태를 의미한다.

werden 수동형	sein 수동형
Das Problem **ist gelöst worden**.	Das Problem **ist gelöst**.
Über Ihre Bewerbung **ist** noch nicht **entschieden worden**.	Über Ihre Bewerbung **ist** noch nicht **entschieden**.
Der Antrag **ist abgelehnt worden**.	Ihr Antrag **ist abgelehnt**.
Die Auskunft **wird** von 13-15 Uhr **geschlossen**.	Die Auskunft **ist** von 13-15 Uhr **geschlossen**.

❖ 수동형의 대용 표현

수동형 구문 자체는 사용 빈도가 그다지 높지 않다. 하지만 학술 텍스트 및 신문 등에서 많이 사용되고, 다음과 같은 수동형의 대용 표현들도 많이 사용된다.

man-구문

Man trinkt hier viel.	Hier **wird** viel **getrunken**.
Man muss diesen Ländern helfen.	Diesen Ländern **muss geholfen werden**.
Hier darf **man** nicht fotografieren.	Hier **darf** nicht **fotografiert werden**.
Das kann **man** reparieren.	Das **kann repariert werden**.

- bekommen - kriegen - erhalten + 과거분사

Er **bekommt** nichts **geschenkt**.	Ihm **wird** nichts **geschenkt**.
Wir **kriegen** alles ins Haus **gebracht**.	Uns **wird** alles ins Haus **gebracht**.
Sie **erhält** ihren Lohn früher **ausgezahlt**.	Der Lohn **wird** ihr früher **ausgezahlt**.

※ 대용문장의 주어가 수동형 문장에서는 3격 목적어로 나타난다.

- ist (gibt, bleibt, geht) + zu + 동사부정형

Der Apparat **ist** nicht **zu reparieren**.	Der Apparat **kann** nicht **repariert werden**.
Der Apparat **ist zu reparieren**.	Der Apparat **kann/muss repariert werden.**
Es **gibt** viel Neues **zu berichten**.	Viel Neues **kann/muss berichtet werden**.
Das **bleibt abzuwarten**.	Das **muss abgewartet werden**.
Das **geht** sicher **zu machen**.	Das **kann** sicher **gemacht werden**.

※ 대용문장이 긍정문일 경우 수동구문으로 전환할 시 중의적일 수 있다. (können - müssen).

- sich lassen + 동사부정형

Das **lässt sich** leicht **machen**.	Das **kann** leicht **gemacht werden**.
Das Problem **ließ sich lösen**.	Das Problem **konnte gelöst werden**.
Das Fenster **lässt sich** nicht **schließen**.	Das Fenster **kann** nicht **geschlossen werden**.
Das Buch **lässt sich** gut **verkaufen**.	Das Buch **kann** gut **verkauft werden**.

동사파생 형용사: -bar/lich/fähig/fest

Der Apparat ist brauchbar.	Der Apparat kann gebraucht werden.
Die Früchte sind essbar.	Die Früchte können gegessen werden.
Die Krankheit ist heilbar.	Die Krankheit kann geheilt werden.
Der Konflikt ist unvermeidlich.	Der Konflikt kann nicht vermieden werden.
Glas ist zerbrechlich.	Glas kann zerbrochen werden.
Der Kranke ist nicht transportfähig.	Der Kranke kann nicht transportiert werden.
Die Wäsche ist kochfest.	Die Wäsche kann gekocht werden.

1/ 주어진 구로 <보기>처럼 수동형 문장을 만드세요.

보기

Die Lampen werden abgestaubt.

1. die Fenster	A. Staub saugen
2. das Silber	B. fegen
3. die Lampen	C. putzen
4. die Fußböden	D. polieren
5. die Schränke	E. waschen
6. die Gardinen	F. aufräumen
7. die Sessel	G. aufwischen
8. der Hof	H. reinigen
9. die Teppiche	I. abstauben

2/ <보기>처럼 세계사적 사건의 연도를 묻는 질문을 만드세요.

보기

1492 → Wann wurde Amerika entdeckt?

1. Vor 50.000 Jahren	A. Deutschland vereinigen
2. Um 2500 v. Chr.	B. John F. Kennedy erschießen
3. 44 v. Chr.	C. die amerikanische Verfassung unterschreiben
4. 800 n. Chr.	D. die erste Universität (Bologna) gründen
5. 1088	E. die Atombomben auf Hiroshima und Nagasaki werfen
6. 1789	F. die ersten Pyramiden bauen

7. 1885 — G. Cäsar ermorden

8. 1945 — H. in Kanada die transkontinentale Eisenbahn vollenden

9. 1963 — I. Karl den Großen zum Kaiser krönen

10. 1990 — J. Australien von den Aborigines besiedeln

3/ 과거수동형으로 의문문을 만드시오.

1. womit / früher / die Häuser / heizen

   ____

2. von wem / Amerika / entdecken

   ____

3. wo / zum ersten Mal / ein Film / öffentlich / zeigen

   ____

4. wann / das elektrische Licht / erfinden

   ____

5. wer / von Charles Darwin / nach England / bringen

   ____

6. in welcher Stadt / die Titantic / bauen

   ____

4/ 비인칭주어인 „man"을 이용한 문장으로 바꾸시오.

1. An Weihnachten wird ein Tannenbaum geschmückt.

   ____

2. Die Geschenke werden unter den Baum gelegt.

   ____

3. Dann werden die Lichter am Baum angezündet.

   ____

4. In vielen Familien werden auch Weihnachtslieder gesungen.

____

5. Dann können endlich die Geschenke ausgepackt werden.

____

5/ „(sich) lassen"-문장으로 만드시오.

1. Herr Müller geht zum Friseur - er / sich / die Haare / schneiden lassen

____

2. Frau Weber geht zum Arzt - sie / sich / untersuchen lassen

____

3. Frau Neumann bügelt die Wäsche nicht selbst - sie / die Wäsche / büglen lassen

____

4. Emma installiert den Computer selbst - sie / ihn / nicht / installieren lassen

____

5. Das Fahrrad ist total kaputt - es / sich / nicht mehr/ reparieren lassen

____

6. Herr Meyer kann heute nicht kommen - das / sich / nicht / ändern lassen

____

7. Man weiß nicht, wie lange es dauert - das / sich / nicht / sagen lassen

____

6/ 비슷한 뜻의 문장끼리 연결하시오.

1. Hier spricht man Deutsch! ( )
2. Man verwendet das Perfekt, um Vergangenes auszudrücken. (   )
3. Hier kann man Erdbeeren pflücken. ( )

4. Was macht man damit? ( )

A. Hier kann jeder Erdbeeren pflücken.

B. Was machen die Leute damit?

C. Das Perfekt wird verwendet, um Vergangenes auszudrücken.

D. Hier wird Deutsch gesprochen.

7/ 비인칭주어인 „man"을 이용하여 문장을 고쳐 쓰시오.

1. Hier wird auch samstags gearbeitet.
2. In diesem Atelier kann jeder dem Künstler bei der Arbeit zusehen.
3. Dort kann das Gepäck abgegeben werden.
4. Hier wird englisch, deutsch und spanisch gesprochen.
5. Mit diesem Gerät kann jeder ganz einfach Gemüse hacken.

8/ 주어진 동사로 수동형 현재 문장을 만드시오.

1. Die Kranke ________ ________ Arznei ________. (retten)
2. Das Abendessen ________ schon ________. (servieren)
3. Dem Kranken ________ ________ Doktor ________. (helfen)
4. Die Aufgabe ________ ________ dem Mädchen ________. (schreiben)
5. Die Wäsche ________ ________ Mutter ________. (waschen)
6. Das Loch ________ ________ den Männern ________. (graben)
7. Das Hotel ________ ________ die Bombe ________. (zerstören)

9/ 다음 문장을 수동형 현재문장으로 바꾸시오.

1. Der Hund beißt das Kind.
2. Das Feuer zerstört das Haus.
3. Meine Freunde trinken den Kaffee.

10/ 다음 문장을 수동형 과거 문장으로 바꾸시오.

1. Die Rechnung wird von Amelie bezahlt.
2. Wirst du beobachtet?
3. Das Auto wird geparkt.
4. Es wird schon von den Leuten gemacht.

11/ 다음 영어 문장을 독일어 문장으로 옮기시오.

1. He was seen.
2. The window was opened by Johanna.
3. They were asked by their father.
4. She was heard.
5. It was washed by my aunt.
6. It is found.
7. It was destroyed.
8. It was shown.
9. It was saved.
10. It is repaired.
11. It is begun.
12. It will be cut.

12/ 다음 문장을 수동형 현재완료형 문장으로 바꾸시오.

1. Das Museum wurde 1911 erbaut.
2. Der Löwe wurde vom Wärter gefüttert.
3. Es wurde ihr darüber erzählt.
4. Das Kleid wurde rot gefärbt.
5. Es wurde ihm gegeben.
6. Du wurdest überall gesucht.
7. Ich wurde von ihm gesehen.

13/ 다음 문장을 man-구문으로 바꾸시오.

1. Die Ruine wird zerstört.
2. Wir werden angerufen.
3. Das Essen wird bestellt,
4. Die Geschichte wurde erzählt.
5. Der Doktor wurde geholt.
6. Der Katalog wurde geschickt.
7. Das Bild ist verkauft worden.
8. Der Mann ist angerufen worden.

14/ 주어진 구로 수동형 현재문장을 만드시오.

보기

beim Frisör - Haare schneiden: Beim Frisör werden Haare geschnitten.

1. in einer Kneipe - viel trinken
2. in einer Küche - Essen kochen

3. in einer Bibliothek - Bücher ausleihen

4. auf einem Fußballplatz - Fußball spielen

15/ 다음 문장을 보기와 같이 바꾸시오.

보기

Jemand muss das Geschirr abwaschen.
→ Das Geschirr muss abgewaschen werden.

1. Jemand kann die Gläser holen.
2. Jemand darf den Rest essen.
3. Jemand soll die Tür aufmachen.
4. Jemand muss die Kerzen ausmachen.
5. Jemand soll den Müll rausbringen.

19 접속법

❖ 접속법(I)식의 형태: 동사어간 +변화어미

		laufen	wissen	geben	sein
ich	-e	laufe	wisse	gebe	sei
du	-est	laufest	wissest	gebest	seiest
er	-e	laufe	wisse	gebe	sei
wir	-en	laufen	wissen	geben	seien
ihr	-et	laufet	wisset	gebet	seiet
sie	-en	laufen	wissen	geben	seien

※ sein만 불규칙 변화한다.

❖ 접속법(II)식의 형태: 동사과거형 +(″)변화어미

		wohnen	kommen	sein	haben
ich	(″)e	wohnte	käme	wäre	hätte
du	(″)est	wohntest	kämest	wärest	hättest
er	(″)e	wohnte	käme	wäre	hätte
wir	(″)en	wohnten	kämen	wären	hätten
ihr	(″)et	wohntet	kämet	wäret	hättet
sie	(″)en	wohnten	kämen	wären	hätten

※ 강변화 및 혼합변화형 동사의 제 II식은 직설법 과거형을 변모음시키고 제 I식과 같은 변화어미를 갖는다.

※ 약변화 동사의 제 II식은 직설법 과거형과 차이가 없다.

❖ 접속법(II)식의 형태: 'würden + 부정형동사'

● haben, sein, 화법조동사는 접속법 II식의 원래 형태를 사용하는 것이 일반적이고, 동사 대부분은 'würden + 부정형동사'의 접속법 형태를 사용한다.

Ich lernte → Ich würde lernen.

Ich sagte → Ich würde sagen.

Ich ginge → Ich würde gehen.

❖ 접속법의 용법

● 제 I식은 어느 정도 실현성이 있다고 생각되는 일에, 제 II식은 실현성이 없는 비현실적인 것을 표현하는 것이 일반적이다.

● 제 I식은 주로 간접화법에 많이 사용되며, 제 I식의 형태가 직설법의 형태와 동일한 경우 제 II식도 간접화법을 위해 사용한다.

직접화법 : Er sagt: "Ich bin glücklich."

간접화법 : Er sagt, er sei/wäre glücklich.
dass er glücklich sei/wäre.

● 제 II식은 정중한 표현/요청/질문에 많이 사용한다.

Haben Sie einen Moment Zeit für mich?
→ Hätten Sie einen Moment Zeit für mich?

Sind Sie so nett, morgen zu kommen?
→ Wären Sie so nett, morgen zu kommen?

Kommen Sie morgen?
→ Würden Sie morgen kommen?

Darf ich Sie etwas fragen?
→ Dürfte ich Sie etwas fragen?

Helfen Sie mir bitte?
→ Könnten Sie mir bitte helfen?

Ich habe noch eine Frage.
→ Ich hätte noch eine Frage.

Ich bin jetzt gern allein.
→ Ich wäre jetzt gern allein.

Ich gehe jetzt.
→ Ich würde jetzt gern gehen.

Ich will eine Fahrkarte nach Berlin.
→ Ich hätte gern eine Fahrkarte nach Berlin.

- möchten은 wollen과 거의 동의어로 사용되지만 보다 정중한 표현이다.

▶ Wohin wollen Sie fliegen?
Where do you want to go (fly)?

▷ Wir möchten nach Deutschland fliegen.
We want (would like) to fly to Germany.

- hätte gern은 특히 상점이나 레스토랑에서 공손한 표현으로 많이 사용된다.

Ich hätte gern eine Cola, bitte. I'd like a coke, please.

Wir hätten gern die Speisekarte, bitte. We'd like the menu, please.

제 II식은 가능성/실현성이 없는 조건절에서 많이 사용한다.

- 가정적인 전제 하에 가정적인 결론을 나타낸다.

— 현재에 대한 가정

Wenn ich Zeit hätte, würde ich ins Theater gehen.
/ Hätte ich Zeit, (so) würde ich ins Theater gehen.
(현실은 Ich habe keine Zeit.)

※ 조건절에서 wenn을 생략할 수 있다. 이 경우 동사가 문두에 오고, 주문장은 so/dann으로 시작한다.

Wenn ich krank wäre, würde ich zum Arzt gehen.
(현실은 Ich bin nicht krank.)

Wenn er kein Alkoholproblem hätte, würde er den Taxischein bekommen.
(현실은 Er hat ein Alkoholproblem.)

— 과거에 대한 가정

Wenn ich gestern Zeit gehabt hätte, wäre ich ins Theater gegangen.

(현실은 Ich hatte keine Zeit.)

- 실현 가능성이 없는 소망을 나타낸다.

Wenn ich doch gesund wäre! / Wäre ich doch gesund!
(현실은 Er ist nicht gesund. Er wünscht sich:)

Wenn sie doch nur mit gefahren wären! / Wären sie doch nur mitgefahren!
(현실은 Die Freunde sind nicht mitgefahren. Wir wünschen:)

※ 실현 가능성이 없는 소망을 나타낼 때 doch, bloß, nur, doch nur와 함께 오고, 느낌표를 사용한다.

- als ob/als wenn 접속사와 함께 "마치~인 것처럼"이란 뜻으로 비현실적인 내용을 비교할 때 사용한다.

Der Mann spricht, als ob er ein König wäre
/ als wäre er ein König.

Er sieht aus, als ob er krank wäre.

※ ob/wenn이 생략될 수도 있으며, 이 경우 그 자리에 정동사가 위치한다.

- "너무 ~이어서 ~할 수 없다"이란 뜻으로 실현 가능성이 없는 결과문에서 사용된다.

Er ist zu spät, als dass wir noch bei ihm anrufen könnten.
Ich habe zu wenig Geld, als dass ich ein Haus kaufen könnte.

연/습/문/제

1/ <보기>처럼 주어진 구로 질문과 대답하는 문장을 만드세요.

보기

wie nach Deutschland reisen / fliegen, schwimmen, mit dem Schiff →
- Wie würdest du nach Deutschland reisen?
- Ich würde nach Deutschland fliegen.

1. wo übernachten / Zelt, Jugendherberge, bei Freunden,
2. welche Stadt zuerst besuchen / Berlin, München, Regensburg,
3. wohin zuerst gehen / ins Museum, in eine Kneipe, in eine Kirche,
4. wo essen / in der Mensa, in einem griechischen Restaurant, bei meinen Freunden,
5. was am Abend machen / durch die Stadt bummeln, ins Kino gehen, schlafen,
6. was kaufen / ein Stück der Berliner Mauer, einen Bierkrug, eine Trachtenjacke,
7. wem Postkarten schreiben / meinen Eltern, allen meinen Freunden, meinem Deutschlehrer / meiner Deutschlehrerin,
8. wie lange bleiben / ein paar Tage, eine Woche, ein Jahr,

2/ <보기>처럼 주어진 구로 공손한 문장을 만드세요.

보기

wir / jetzt nicht fahren können → Könnten wir jetzt nicht fahren?

1. du / nicht noch tanken müssen
2. wir / nicht Alex abholen sollten
3. zwei Freunde von mir / auch mitfahren können

4. wir / nicht zuerst in die Stadt fahren sollen

5. du / nicht zur Bank wollen

6. du / etwas langsamer fahren können

7. ich / das Autoradio anmachen dürfen

8. ich / das Fenster aufmachen dürfen

3/ <보기>처럼 „wenn"-절을 이용하여 접속법 문장을 만드시오.

1. du / mehr Zeit / haben
   Ich wäre glücklich, wenn du mehr Zeit hättest.

2. Sie / uns / besuchen
   Wir würden uns freuen, wenn ______________

3. du / kommen / können
   Ich fände es schön, wenn ______________

4. ihr / uns / helfen
   Wir wären sehr froh, wenn ______________

5. du / das / für mich / machen
   Ich wäre dir sehr dankbar, wenn ______________

4/ 의미에 맞게 문장을 연결하시오.

1. Wenn ich jetzt ein Woche Ferien hätte, ________
2. Wenn ich noch mal 10 Jahre alt wäre, ________
3. Wenn ich sehr gut singen könnte, ________
4. Wenn Jan sehr viel Geld hätte, ________
5. Wenn Clara in ihrem Land Präsidentin wäre ________
6. Wenn die Katzen sprechen könnten, ________

A. mit dem Hund spazieren gehen

B. viele andere Staaten besuchen

C. von ihren Abenteuern erzählen

D. viele CDs produzieren

E. bestimmt nicht lernen

F. jeden Tag in die schule gehen

G. mehr über sie wissen

H. ein Haus am Meer kaufen

I. eine lange, große Reise machen

J. nicht viel arbeiten müssen

5/ 의미에 적절한 비현실적인 문장을 찾으시오.

1. Sie sitzen am Strand in der Sonne.
2. Alle am Tisch sprechen Spanisch, aber Sie verstehen nur ein wenig.
3. Ihr Urlaub ist zu Ende, Sie müssen leider abreisen.
4. Es ist ein wunderschöner Montag, am Wochenende hat es geregnet.
5. Ihre Freunde feiern eine Party, aber Sie sind krank und müssen im Bett bleiben.

A. Könnte ich doch hier bleiben!

B. Wenn ich heute nur nicht arbeiten müsste!

C. Hätte ich doch die Sonnenbrille bei mir!

D. Wenn ich doch gesund wäre und auch ausgehen könnte!

E. Wenn ich nur die Sprache besser könnte!

6/ „doch“ 또는 „nur“ 부사어를 사용하고 ‘소원’을 나타내는 문장을 만드시오.

1. Die Kinder helfen Ihnen nicht.
   Wenn mir die kinder doch helfen würden

2. Lukas ist nicht da.
   ____

3. Leider kann Ihre Mutter das nicht sehen.
   ____

4. Sie haben kein Geld bei sich.
   ____

5. Sie können nicht bei diesem Fest sein.
   ____

7/ 접속법 문장을 이용하여 ‘소원’을 나타내는 문장을 만드시오.

1. Amelie ist Verkäuferin. (☞ Model sein)
   Aber sie wäre lieber Model.

2. Ben verdient viel. (☞ mehr verdienen)
   ____

3. Emma und Finn sind allein. (☞ Kinder haben)
   ____

4. Jonas arbeitet zu Hause. (☞ in der Firma arbeiten)
   ____

5. Lilly ist im Urlaub zu Hause. (☞ reisen)
   ____

8/ 접속사 „als ob“을 이용하여 문장을 만드시오.

1. Marie hat viel Geld – kein Geld haben
   Marie tut (so), als ob sie kein Geld hätte.
2. Jakob ist 50 Jahre alt – 30 sein
   ____
3. Lena weiß wenig – alles wissen
   ____
4. Luisa wohnt noch zu Hause – allein wohnen
   ____

9/ „können의“ 접속법 II식을 이용하여 보다 공손한 문장을 만드시오.

1. Gib mir einen Stift, bitte.
   Könntest du mir bitte einen Stift geben?
2. Schließen Sie bitte das Fenster.
   ____
3. Helft mir bitte, es ist so schwer.
   ____
4. Ich möchte mal kurz telefonieren.
   ____
5. Sagen Sie mir, wie spät es ist?
   ____
6. Einen Kaffee, bitte.
   ____

10/ 공손한 요청의 문장을 만드시오.

1. Im Restaurant: Sie möchten mehr Brot haben.
   Ich hätte gern mehr Brot. Könnte ich bitte mehr Brot haben?
2. In der U-Bahn: Sie wissen nicht, wie spät es ist.
   ____
3. Ein Abendessen bei Freunden: Sie möchten ein Glas Wasser.
   ____
4. In einer fremden Stadt: Sie suchen den Weg zum Bahnhof.
   ____

11/ 밑줄 친 곳에 알맞은 동사형을 넣어 '제안'을 하시오.

보기

solltest • würde • sollten • wäre • solltet • würde

1. Ich würde eine Stadtrundfahrt machen.
2. Sie _____ in die Foto-Ausstellung gehen, die ist sehr schön.
3. Du _____ dir ein Fahrrad ausleihen.
4. Es _____ gut, wenn du dir ein City-Ticket kaufen würdest.
5. Ihr _____ einmal im Restaurant „Grünkohl und Pinkel“ probieren.
6. An Ihrer Stelle _____ ich eine Bootsfahrt machen.

12/ „sollen“의 접속법 II식을 이용하여 '충고'하는 문장을 만드시오.

1. Mir geht es nicht gut. Ich habe Halsweh. (du / viel Tee trinken)
   Du solltest viel Tee trinken.
2. Ich bin bei der Arbeit oft so müde. (Sie / öfter das Fenster aufmachen
   ____

3. Wir sind am Wochenende in Heidelberg. (ihr / auf die „Schloss“ gehen)

____

4. In Hannover ist die Herbstmesse. (Sie / unbedingt hingehen)

____

5. Wie ist das neue Cafe am Marktplatz? (du / dort keinen Kuchen essen)

____

13/ 접속법 II식을 이용하여 문장을 만드시오.

1. Noah: viel Geld haben → Weltreise machen
2. Marie: ein Auto haben → in die Berge fahren
3. Herr Becker: Urlaub haben → mehr Bücher lesen
4. Frau Naumann: mehr Zeit haben → öfter ins Kino gehen
5. Herr und Frau Schneider: weniger Arbeit haben → mehr miteinander reden

14/ 간접화법 문장의 밑줄 친 곳에 알맞은 대명사는?

1. Moritz fragt Luisa: „Hast du am Nachmittag Zeit?“
   Moritz fragt Luisa, ob sie am Nachmittag Zeit hat.
2. Luisa und Moritz fragen Hanna: „Willst du mit uns ins Kino gehen?“
   Luisa und Moritz fragen Hanna, ob ________ mit ________ ins Kino gehen will.
3. Hanna antwortet: „Ich gehe gern mit euch ins Kino.“
   Hanna antwortet, dass ________ gern mit ________ ins Kino geht.
4. Luisa fragt die Kartenverkäuferin: „Können Sie mir drei Karten geben?“
   Luisa fragt die Kartenverkäuferin, ob ________ ________ drei Karten geben kann.

20 재귀동사

❖ 재귀대명사

- 동일 문장 내에서 주어와 목적어가 동일인 또는 동일 동물일 경우 재귀대명사가 목적어로 사용되며, 이 재귀대명사를 취하는 동사를 재귀동사라고 한다.

- 재귀동사는 주어의 행위나 감정이 주어 자신에게 다시 미치는 동사를 말한다.

Ich habe **mich** in der Stadt **verlaufen**. (= mich selbst)

Er **wäscht sich**.

- 재귀대명사의 격변화

ich	— mir, mich	wir	— uns, uns
du	— dir, dich	ihr	— euch, euch
er/sie/es	— sich, sich	sie/Sie	— sich, sich

- 재귀대명사의 일반형은 "sich"로 표시된다. 따라서 사전에서 재귀대명사의 격은 다음과 같이 표기한다.
  - 4격 재귀대명사 : $sich^4$ verspäten
  - 3격 재귀대명사 : $sich^3$ die Hände waschen

- 재귀동사가 재귀대명사를 목적어로 취함에 있어서 격지배를 하며, 3격 또는 4격의 재귀대명사를 취한다.

- 3격 : Du wäscht dir die Hände.
- 4격 : Du wäscht dich im Badezimmer.

❖ 재귀대명사의 위치

- 정치법 문장에서는 재귀대명사가 정동사 다음에 위치한다.

Der Schüler hat sich verspätet.   Er hat sich verspätet.

- 도치법/후치법 문장에서는 주어가 일반명사일 경우 주어 앞에 오고, 인칭대명사나 man이 주어일 경우 주어 뒤에 위치한다.

Hat sich der Schüler verspätet?

Hat er sich verspätet?

Ich fragte, ob sich der Schüler verspätet hat.

Ich fragte, ob er sich verspätet hat.

❖ 재귀동사의 사용

- 자동사화

Der Vorhang öffnet sich.

Das Wetter ändert sich.

- sich + (형용사/부사) + 타동사 → 수동형

Das Buch liest sich leicht. (Das Buch wird leicht gelesen.)

Der Ring macht sich aus Gold.

So etwas vergisst sich nie.

sich + lassen + 타동사의 부정형 → 수동의 가능

Diese Arbeit lässt sich leicht beenden.

(Diese Arbeit kann leicht beendet werden.)

Das lässt sich leicht ändern.

(Man kann etwas leicht ändern.)

sich + 형용사(부사) + 자동사 → 동작(행위)의 결과

Ein Dieb stiehlt sich selten reich.

Ich ging mich müde.

상호대명사 einander와 einer der andere와 같은 뜻이다.

Die Geschwister haben **sich** wieder vertragen. (= sich miteinander)

Die Damen helfen **sich**.

Das junge Ehepaar liebt **sich**.

재귀동사로만 사용되는 동사

sich erholen	Ich habe **mich** im Urlaub gut erholt.
sich et. überlegen	Ich habe **mir** diese Entscheidung gut überlegt.

sich ärgern	sich aufregen	sich ausruhen	sich beeilen
sich entschließen	sich entschuldigen	sich ereignen	sich erkälten
sich erkundigen	sich freuen	sich fühlen	sich hinlegen
sich irren	sich kämmen	sich schämen	sich sehnen
sich verbeugen	sich verletzen	sich weigen	sich wundern

(일반 동사 외에) 재귀동사로도 사용될 수 있는 동사

anziehen	Ich ziehe den Mantel an.

sich anziehen	Ich ziehe **mich** an.
	Ich ziehe **mir** einen Pullover an.

sich ändern	aber:	Er ändert seine Pläne.
sich beherrschen		Er beherrscht die englische Sprache.
sich bemühen		Er bemühte die Gerichte.
sich bewegen		Der Wind bewegt die Zweige.
sich entfernen		Der Zahnarzt entfernt den kranken Zahn.
sich fürchten		Er fürchtet eine Katastrophe.
sich treffen		Er traf zufällig seinen Schulfreund.
sich verletzen		Er verletzt ihn an der Hand.

- 재귀동사가 4격 목적어를 가지면 재귀대명사는 3격이 된다. 이 때 4격 목적어는 일반적으로 신체 또는 옷의 일부이고 정관사를 수반한다.

Ich wasche **mir** die Hände.	aber:	Ich wasche **mich**.
Du rasiert **dir** den Bart ab.		Du rasierst **dich**.

Ich ziehe **mir** eine Jacke an.

Ich denke **mir** eine Geschichte aus.

Ich habe **mir** seine Autonummer gemerkt.

Du stellst **dir** die Sache zu einfach vor.

- 재귀동사의 완료형 시제는 haben 조동사를 사용한다.

Heidi hat sich in den Finger geschnitten. Heidi cut her finger.

1/ 밑줄 친 곳에 알맞은 재귀동사를 <보기>에서 찾아 적으세요.

보기

sich ärgern (geärgert)	sich fühlen (gefühlt)
sich aufregen (aufgeregt)	sich legen (gelegt)
sich ausruhen (ausgeruht)	sich schneiden (geschnitten)
sich erkälten (erkältet)	sich verletzen (verletzt)
sich freuen (gefreut)	

1. SOFIA: Ich ______ ________ gar nicht wohl.
   JULIAN: Warum denn?
   SOFIA: Ich glaube, ich habe ______ ________.
   JULIAN: Du Ärmste! Du musst ______ gleich ins Bett ________.
2. MORITZ: Du, weißt du, dass Herr Schneider einen Herzinfarkt hatte?
   LUISA: Kein Wunder, er hat ___ auch immer so furchtbar _____.
   MORITZ: Na, jetzt muss er _____ erst mal ein paar Wochen _____.
3. FRAU NAUMANN: Du blutest ja! Hast du ______ ________?
   HERR BECKER: Ja, ich habe _____ in den Finger ________.
4. LILLY: Warum _______ du ______, Philipp?
   PHILIPP: Ich habe in meiner Prüfung ein D bekommen.
   LILLY: Du solltest ______ ________, dass du kein F bekommen hast.

2/ 주어진 구로 여러분의 아침일과를 순서대로 만드세요.

보기

Erst stehe ich auf. Dann dusche ich mich. Dann ...

sich abtrocknen	sich die Fingernägel putzen
aufstehen	sich das Gesicht waschen
sich anziehen	sich die Haare föhnen

sich duschen	sich die Haare kämmen
frühstücken	sich die Haare waschen
sich rasieren	zur Uni gehen
sich schminken	sich die Zähne putzen

3/ 주어진 구로 문장을 만드세요.

1. sich jeden Morgen rasieren	ich
2. sich zu sehr schminken	meine Freundin
3. sich nicht oft genug die Haare waschen	mein Freund
4. sich nach jeder Mahlzeit die Zähne putzen	mein Vater
5. sich immer verrückt anziehen	meine Mutter
6. sich jeden Tag duschen	meine Schwester
7. sich nie kämmen	meine Oma
8. sich nie die Haare föhnen	mein Onkel
9. sich nicht gern baden	__________?
10. sich immer elegant anziehen	

4/ 밑줄 친 곳에 알맞은 재귀대명사를 적으시오.

1. Sarah hat eine Einladung bekommen. Sie freut ______ sehr.
2. Es war sehr nett bei euch. Ich möchte ______ herzlich bedanken.
3. Habt ihr _____ im Urlaub gut erholt?
4. Die Kinder sind nass geworden und haben ______ erkältet.
5. Was ist passiert? Haben Sie ______ verletzt?
6. Komm herein! Ich freue ______ sehr, dass du mich besuchst.

5/ 밑줄 친 곳에 알맞은 재귀동사를 <보기>에서 골라 문법에 맞게 고쳐 쓰시오.

보기

sich erholen • sich freuen • sich interessieren • sich ausruhen • sich unterhalten

1. Die Schule ist aus. Die Schüler _______ auf die Ferien.
2. Frau Naumann liest mehrere Zeitungen. Sie _______ für Politik.
3. Wir machen hier auf Rügen Urlaub. Wir _______ gut.
4. Wenn ich meine Kollegin Anna treffe, _______ ich _______ mit ihr meistens über Musik.
5. Wie bitte, Sie haben heute 14 Stunden gearbeitet? Sie müssen _______ mogen _______.

6/ 연결하여 문장을 완성하시오.

1. Ich sehe	__	A. sich bitte hier hin.
2. Du siehst	__	B. sich die Haare.
3. Er wäscht	__	C. euch gestern gesehen?
4. Setzen Sie	__	D. uns morgen.
5. Wir sehen	__	E. mich im Spiegel.
6. Habt ihr	__	F. dich auf dem Foto

7/ 아래 구들을 이용하여 문장을 완성하시오.

1. die Schuhe / zieh / dir / an / bitte / !
2. die Regel / merken / ich / kann / mir / nicht / .
3. gestern / mich / in den Finger / habe / geschnitten / ich / .
4. du / freust / auch / dich / auf / das Theaterstück / ?

8/ 아래 대화의 밑줄 친 곳에 알맞은 재귀대명사를 적으시오.

Emilia: Hanna, beeile ______(1) bitte, wir müssen jetzt los.

Hanna: Ich komme ja gleich, ich muss ______(2) nur noch die Haare kämmen. Hast du ______(3) schon fertig angezogen?

Emilia: Ja, schon lange! Soll ich _____(4) noch einmal hinsetzen und Zeitung lesen, oder kommst du jetzt.

Hanna: Ich komme doch gleich, jetzt reg _____(5) doch nicht so auf.

Emilia: Ich rege _____(6) überhaupt nicht auf – ich wollte _____(7) nur erkundigen, wie lange du noch brauchst.

Hanna: Ja, ist ja gut. Ich bin ja schon da. – Aber, wie siehst du denn aus? Willst du _____(8) nicht was Schickeres anziehen?

9/ 밑줄 친 곳에 알맞은 재귀대명사를 적으시오.

1. Der Abend war sehr schön, wir haben _____ gut unterhalten.
2. Es wird kalt, ich ziehe _____ den dicken Mantel an.
3. Schau auf den Fahrplan, die Abfahrtszeiten ändern _____ immer wieder.
4. Es tut mir leid, ich habe _____ geirrt.
5. Die Gäste waren nicht zufrieden. Sie haben _____ über das Hotel beschwert.
6. Diese Hose habe ich _____ gestern gekauft.
7. Das war ein gutes Restaurant. Das werde ich _____ merken.
8. Kann ich _____ im Geschäft umsehen?

10/ 밑줄 친 곳에 알맞은 재귀대명사를 적으시오.

1. Das sind meine Freunde Alex und Emil. Wir verstehen _____ gut.
2. Alex und Emil haben zusammen eine Firma. Sie helfen _____, wenn es nötig ist.

3. Lena und Lukas leben schon 25 Jahre zusammen. Sie lieben _____ noch wie am Anfang.
4. Frau Naumann und Frau Schneider kennen _____ schon 20 Jahre.
5. Aber sie siezen _____ noch immer.

11/ 밑줄 친 곳에 알맞은 재귀대명사를 넣으세요.

1. Er fühlt ______ heute nicht so gut.
2. Wir konzentrieren ______ nicht genug.
3. Ich entschuldige ______ bei dir.
4. Sie gewöhnen ______ nie an das frühe Aufstehen.
5. Du bereitest ______ immer sehr gut auf die Prüfungen vor.
6. Ihr erinnert ______ bestimmt noch an meine letzte Geburtstagsparty.
7. Er muss ______ erst noch den Bart rasieren.
8. Du putzt _____ erst die Zähne.
9. Ich kämme ______ gleich die Haare.
10. Sie waschen ______ gerade die Hände.
11. Wir ziehen ______ gleich die Mäntel an.
12. Zieht ______ bitte noch die Schuhe an.

12/ <보기>와 같이 주어진 낱말로 문장을 만드시오.

보기

jetzt - du - sich langweilen → Jetzt langweilst du dich.

1. morgen - sie - sich entscheiden
2. heute - er - sich an der Uni einschreiben

3. am Wochenende - wir - sich treffen

4. in zehn Minuten - ich - sich umziehen

5. gleich - ihr - sich aufregen

13/ 아래 문장의 밑줄 친 곳에 알맞은 재귀동사를 <보기>에서 골라 현재완료형으로 만드시오.

보기

sich freuen • sich erholen • sich erkundigen • sich informieren • sich bewerben

1. Zuerst ______ ich mich an der Münchner Uni _______, welche Fächer man studieren kann.
2. Dann ____ ich mich für einen Studienplatz in Germanistik _______.
3. Als ich die Zulassung bekommen habe, _____ ich mich sehr _____.
4. Nach den Prüfungen _____ ich mich immer erst bei einem Spaziergang _______ .
5. Als Studentin ______ ich mich immer nach guten Jobs ________,

21 문장어순

문장유형에 따라 동사만이 고정된 위치를 차지한다.

❖ 단순시제의 평서문 어순

반드시 동사가 2번째에 위치한다.

제1위치	제2위치	기타
Der Mann	ist	unser Lehrer.
Die Erde	dreht	sich um die Sonne.
Ja, mein kleiner Bruder	gab	ihm das Buch.

❖ 복합시제의 평서문 어순

정동사/조동사가 2번째에 위치하고, 다른 부정형동사 또는 과거분사는 문장 끝에 위치한다.

제1위치	제2위치	기타	부정형/과거분사
Doch, Inge	wird	ihm	helfen.
Meine Eltern	wollten	sich einen Ofen	kaufen.
Ich	habe	es ihr	zeigen wollen.
Seine Schwester	hat	ihm gestern das Buch	gekauft.
Das rote Auto	wurde	von ihm	gestohlen.

❖ 분리동사의 어순(단순시제)

전철이 동사어간으로부터 분리되어 문장 끝에 위치한다.

제1위치	제2위치	기타	전철
Wir	gehen	jeden Sonntag	spazieren.
Die Studenten	kamen	mit dem Zug	an.

❖ 분리동사의 어순(복합시제)

정동사/조동사가 2번째에 위치하고 분리동사 전체가 문장 끝에 온다.

제1위치	제2위치	기타	부정형동사/과거분사
Er	wird	bald	heimgehen.
Ich	habe	das Geschenk	aufmachen dürfen.
Der Junge	ist	gestern Abend	weggelaufen.

❖ 의문사가 있는 의문문의 어순: 의문사+정동사+주어+기타 성분

제1위치	제2위치	주어	기타
Wann	hat	das Konzert	begonnen?
Wohin	habt	ihr	es gelegt?

❖ 의문사가 없는 의문문의 어순

ja/nein의 대답을 요구하는 의문문으로서 정동사가 문장의 첫 번째에 위치한다.

제1위치	제2위치	기타
Kennst	du	meine Freundin?
Hat	er	es nehmen dürfen?
Wirst	du	ihn dort treffen?
Kommt	er	bald heim?

❖ 도치문의 경우

주어가 일반명사이고 목적어가 대명사일 때 대명사인 목적어가 주어 앞에 올 수도 있으며, 재귀대명사 또한 주어 앞에 위치할 수 있다. 하지만 주어가 대명사일 때는 다른 성분들은 반드시 주어 다음에 온다.

Wo hat dich Peter kennengelernt?
Wo hat Peter dich kennengelernt?

Gerstern Abend hat ihm Anton geholfen.
Gestern Abend hat Anton ihm geholfen.

Am Sonntag hat sich Paula schön angezogen.
Am Sonntag hat Paula sich schön angezogen.

Wo hat er dich gesehen?
Warum gibst du ihm etwas?

❖ 접속사 wenn이 생략된 조건절

◉ 정동사가 첫 번째 위치에 오고, 나머지 부정형동사나 과거분사 등은 문장 끝에 온다.

Wenn er nach Hause käme, wäre ich froh.
→ Käme er nach Hause, wäre ich froh.

Wenn sie abfahren will, rufe ich das Taxi.
→ Will sie abfahren, rufe ich das Taxi.

❖ 복합문에서 종속절이 주절보다 먼저 오는 경우

◉ 주절의 정동사는 도치하여 주절의 첫 번째 위치에 온다.

Wenn ich Zeit hätte, besuchte ich sie.
Weil sie krank war, kam sie nicht.

❖ 종속접속사나 관계대명사 등이 이끄는 종속절 또는 간접의문문의 정동사는 문장 끝에 위치한다.

Dort steht der Student, den ich in Paris kennengelernt habe.

Du bekommst alles, was du willst.

Weißt du, wann der Zug ankommt?

Ich möchte wissen, wieviel du davon getrunken hast.

❖ 간접의문문

흔히 Wissen Sie, .../ Ich weiß nicht, ...와 같은 절이 선행하고, 종속절의 정동사는 후치한다.

Wissen Sie, wo die Bibliothek ist.
Do you know where the library is?

Können Sie mir sagen, wann der Zug in München ankommt?
Can you tell me when the train arrives in Munich?

간접의문문에서는 직접의문문의 의문사가 종속접속사 역할을 한다.

직접의문문: Wie komme ich zum Bahnhof?

간접의문문: Ich weiß nicht, wie ich zum Bahnhof komme.

의문사가 없는 직접의문문은 접속사 ob을 사용하여 간접의문문을 만들 수 있다.

직접의문문: Kommt Michael heute Abend?

간접의문문: Ich weiß nicht, ob Michael heute Abend kommt.

❖ 종속절에 이중 부정형동사 구문이 사용된다면 haben과 werden의 정동사형이 이중 부정형동사 앞에 위치한다.

Ich freute mich, weil er hat kommen können.

Ich weiß, dass er sie wird singen hören.

❖ 목적어의 위치

3격 목적어는 4격 목적어 앞에 위치한다.

Der Professor erklärte den Studenten das Problem.

목적어 하나가 대명사라면 격에 상관없이 그 목적어가 일반명사 앞에 위치한다.

Weißt du, ob sie es ihren Eltern zeigt?

Hast du dir die Hände gewaschen?

Sie kauft ihm das Auto.

4격 대명사 목적어는 3격 대명사 목적어 앞에 위치한다.

Wir bestellten es uns.

Ich war krank, als er sie mir brachte.

만약 주어가 첫 번째 자리에 오지 않고 일반명사라면, 대명사 목적어는 이 주어 앞에 올 수도 있고 뒤에 올 수도 있다.

Ich glaube, dass ihn der Lehrer gesehen hat.

Er weiß, warum Angelika mir das Geschenk gegeben hat.

Kann dir der Junge helfen?

Hat das Mädchen sich verletzt?

❖ 부사의 위치

목적어가 대명사라면 부사는 이 목적어 다음에 위치한다.

Ich habe es ihr gestern gebracht.

Hast du sie dort getroffen?

- 목적어가 일반명사라면 부사는 이 목적어 앞에 올 수도 있고 뒤에 올 수도 있다. 정보 가치가 큰 성분이 정보 가치가 작은 성분 다음에 오는 것이 일반적이다.

  Ich weiß, dass du deinem Freund gestern geschrieben hast.

  Ich weiß, dass du gestern deinem Freund geschrieben hast.

- 부사가 여러 개 있을 경우는 '시간', '양상', '장소', '방법', '원인', '목적' 등의 순으로 위치한다.

  Er kehrt heute von Paris mit Auto wegen seiner Geschäfte und zur Regelung seiner Geschäfte zurück.

- 시간부사가 여러 개 사용된다면 일반적인 시간에서 특정 시간 순으로 표현한다.

  Er ist gestern vormittag um elf Uhr gekommen.

❖ nicht의 위치

- 동사(sein은 예외)가 현재형 또는 과거형 시제이고, 다음과 같은 어순이라면 nicht는 문장 끝에 온다.

  ➤ 주어 + 동사

Sie liest.	Sie liest nicht.
Anton fragte.	Anton fragte nicht.

  ➤ 주어 + 동사 + 4격목적어(명사/대명사)

Wir besuchten die Dame.	Wir besuchten die Dame nicht.
Gisela holte es.	Gisela holte es nicht.
Wir freuten uns.	Wir freuten uns nicht.

- 주어 + 동사 + 4격목적어(대명사) + 3격목적어(명사/대명사)

Sie gab es dem Kind. Sie gab es dem Kind nicht.

Ich erklärte es ihr. Ich erklärte es ihr nicht.

- 주어 + 동사 + 3격목적어(명사/대명사) + 4격목적어(명사)

Ich gab dem Jungen die Birne. Ich gab dem Jungen die Birne nicht.

Werner kaufte ihr die Vase. Werner kaufte ihr die Vase nicht.

- 주어 + 동사 + 목적어 + 시간부사

Er besuchte uns heute. Er besuchte uns heute nicht.

아래 문장성분을 가진 문장에서는 이 문장성분 앞에 위치한다.

- 형용사 술어 및 명사 술어

Er ist krank. Er ist nicht krank.

Das sind meine Kinder. Das sind nicht meine Kinder.

- 분리전철

Das Flugzeug flog ab. Das Flugzeug flog nicht ab.

- 과거분사

Sie sind gefahren. Sie sind nicht gefahren.

- 종속 부정형동사

Wir hören sie lachen. Wir hören sie nicht lachen.

- 이중 부정형동사

Er hat es machen wollen. Er hat es nicht machen wollen.

- 장소부사/전치사구

Er wohnte hier. Er wohnte nicht hier.

Wir sind im Wohnzimmer.	Wir sind nicht im Wohnzimmer.
Ich freue mich darauf.	Ich freue mich nicht darauf.

➢ 과거분사와 전치사구/장소부사가 함께 있을 때는 전치사구/장소부사 앞에 위치한다.

Ich habe im Sand gelegen.	Ich habe nicht im Sand gelegen.
Er war zu Hause gewesen.	Er war nicht zu Hause gewesen.
Sie hat dort gespielt,	Sie hat nicht dort gespielt.

● 종속절에서는 동사/복합동사 앞에 위치한다.

Ich weiß, dass er arbeitet.	Ich weiß, dass er nicht arbeitet.
Sie sagt, dass er kommen kann.	Sie sagt, dass er nicht kommen kann.
Ich hoffe, dass er es gesehen hat.	Ich hoffe, dass er es nicht gesehen hat.

● 접속사 sondern과 함께 사용될 때는 부정하는 낱말 바로 앞에 위치한다.

Sie raucht nicht Zigaretten, sondern Zigarren.

Er hat nicht sie besucht, sondern ihre Schwester.

● 의문문에서도 위의 규칙이 적용된다.

Arbeitest du?	Arbeitest du nicht?
Gehst du mit?	Gehst du nicht mit?
Hast du ihn dort kennengelernt?	Hast du ihn nicht dort kennengelernt?

● 부정사 kein- (no, not any, not a)은 부정관사를 가진 명사나 관사 없이 사용되는 명사를 부정할 때 사용되며, 부정하는 명사 앞에 온다.

Er hat einen Bruder.	Er hat keinen Bruder.
Wir trinken Milch.	Wir trinken keine Milch.

- 정관사류의 관사 또는 소유대명사를 가진 명사는 nicht로 부정한다.

Dieses Bier schmeckt gut. Dieses Bier schmeckt nicht gut.

Meine Tochter ist hier. Meine Tochte ist nicht hier.

Der Hund bellt. Der Hund bellt nicht.

- 대명사인 nichts (nothing)와 niemand (nobody)는 단수로만 이용되며 어미가 따로 붙지 않는다. nichts는 명사화된 형용사가 그 다음에 올 수 있다.

Er hat nichts gekauft. He bought nothing.

Er gab mir nichts Kostbares. He gave me nothing valuable.

Ich kenne niemand. I know nobody.

연/습/문/제

1/ 주어를 찾아 밑줄을 긋고, 정동사가 주어 앞에 위치하는지 아니면 주어 뒤에 위치하는지 확인하시오.

1. Julian kommt aus Krefeld. (nach)
2. Im Moment studiert er in Seattle. (　　)
3. Seine Großmutter wohnt noch in Krefeld. (　　)
4. Samstags geht Julian oft ins Kino. (　　)
5. Am Wochenende wandert er oft in den Bergen. (　　)
6. Außerdem treibt er gern Sport. (　　)
7. Im Sommer geht er surfen. (　　)
8. Er geht auch ins Schwimmbad der Uni. (　　)

2/ 어순에 유의하면서 <보기>처럼 주어진 낱말로 시작하는 문장을 만드세요.

보기

Heute (ich / sein _____) → Heute bin ich fröhlich.

1. Ich (studieren _______________)
2. Im Moment (ich / wohnen in _______________)
3. Heute (ich / kochen _______________)
4. Manchmal (ich / trinken _______________)
5. Ich (spielen _______________)
6. Mein Freund (heißen _______________)
7. Jetzt (er / wohnen in _______________)
8. Manchmal (wir / spielen _______________)

3/ 아래 문장들의 밑줄 친 곳에 보기의 전철 가운데 알맞은 전철을 넣으세요.

보기

ab • an • auf • auf • aus • aus • ein • ein.

1. Er steht um 7 Uhr _____.
2. Er räumt die Wohnung _____.
3. Er packt seine Sachen _____.
4. Er ruft Emilia _____.
5. Er füllt ein Formular _____.
6. Er holt seinen Reisepass _____.
7. Er kauft Essen _____.
8. Abends geht er _____.
9. Er geht ins Kino, Der Film hört um 22 Uhr _____.

4/ <보기>처럼 의문문을 만드세요.

보기

du + heißen + wie + ? → Wie heißt du?

1. du + sein + geboren + wann + ?
2. du + kommen + woher + ?
3. du + wohnen + wo ?
4. du + haben + Augenfarbe + welch + ?
5. du + sein + groß + wie + ?
6. du + studieren + ?
7. du + studieren + Fächer + welch- + ?

8. du + arbeiten + Stunden + wie viele + ?

9. du + machen + gern + was + ?

5/ 질문에 대한 다음 대답이 되도록 의문문을 만드세요.

1. ____________ Ich heiße Laura.
2. ____________ Nein, ich komme nicht aus München.
3. ____________ Ich komme aus Hamburg.
4. ____________ Ich studiere Biologie.
5. ____________ Er heißt Ben.
6. ____________ Er wohnt in Hamburg.
7. ____________ Nein, ich spiele nicht Tennis.
8. ____________ Ja, ich tanze sehr gern.
9. ____________ Nein, ich trinke kein Bier.
10. ____________ Ja, Ben trinkt gern Bier.

6/ <보기>처럼 의문문에 대한 답을 만드세요.

보기

Warum gehtst du nicht in die Schule? → Weil ich krank bin.

1. Warum gehst du nicht in die Schule?
2. Warum liegt dein Bruder im Bett?
3. Warum esst ihr denn schon wieder?
4. Warum kommt Emma nicht mit ins Kino?
5. Warum sieht Hanna schon wieder fern?
6. Warum trinken Sie Bier?

7. Warum trinkst du Bier?

8. Warum machst du denn das Licht an?

9. Warum singt Jonas den ganzen Tag?

10. Warum bleibst du zu Hause?

A. Durst haben

B. krank sein

C. traurig sein

D. Langeweile haben

E. Angst haben

F. glücklich sein

G. lernen müssen

H. müde sein

I. Hunger haben

J. keine Zeit haben

7/ <보기>처럼 주어진 문장으로 대화문을 만드세요.

보기

S1: Was macht Alex, wenn er müde ist?`
S2: Wenn Alex müde ist, geht er nach Hause.
S1: Und du?
S2: Wenn ich müde bin, trinke ich einen Kaffee.

1. Alex ist müde.

2. Leonie ist glücklich.

3. Herr Becker hat Durst.

4. Frau Weber ist in Eile.

5. Lilly hat Hunger.

6. Frau Schneider hat Ferien.

7. Henry hat Angst.

8. Felix ist krank.

A. Sie trifft Maximilian.

B. Er geht nach Hause.

C. Sie fährt mit dem Taxi.

D. Sie kauft einen Hamburger.

E. Er trinkt eine Cola.

F. Er geht zum Arzt.

G. Er ruft: „Mama, Mama“.

H. Sie fliegt nach Deutschland.

8/ <보기>처럼 의미에 맞게 종속복합문을 만드세요.

보기

Julian ist wütend, weil er immer so früh aufstehen muss.

1. Julian ist wütend.

2. Sofia ist froh.

3. Clara ist in Eile.

4. Lukas ist traurig.

5. Philipp geht nicht zu Fuß.

6. Ben hat selten Langeweile.

7. Marie hat Angst vor Wasser.

8. Mustafa fährt in die Türkei.

A. Sie muss noch einkaufen.

B. Er steht immer so früh auf.

C. Seine Freundin nimmt ihn zur Uni mit.

D. Er sieht immer fern.

E. Sie kann nicht schwimmen.

F. Er will seine Eltern besuchen.

G. Marie ruft ihn nicht an.

H. Sie muss heute nicht arbeiten.

9/ 주어진 구로 <보기>처럼 문장을 만드세요.

보기

heute Abend → Ich bin heute Abend im Kino.

1. heute Abend	in der Klasse
2. am Nachmittag	bei meinen Eltern
3. um 16 Uhr	im Bett
4. in der Nacht	auf einer Party
5. am frühen Morgen	im Urlaub
6. am Montag	am Frühstückstisch
7. am ersten August	in der Mensa
8. an Weihnachten	in der Bibliothek
9. im Winter	?
10. am Wochenende	

10/ <보기>처럼 명사를 대명사로 바꾸어 대답하세요.

보기

S1: Brauchst du den Lippenstift?
S2: Ja, kannst du ihn mir geben?
oder Nein, ich brauche ihn nicht.

1. Brauchst du das Schampoo?
2. Brauchst du den Spiegel?
3. Brauchst du den Rasierapparat?
4. Brauchst du die Seife?
5. Brauchst du das Handtuch?
6. Brauchst du den Föhn?
7. Brauchst du die Kreme?
8. Brauchst du das Rasierwasser?
9. Brauchst du den Kamm?

11/ 주어진 동사를 이용하여 <보기>처럼 파트너에게 조언하는 문장을 만드세요.

보기

einkremen • putzen • waschen • föhnen • schneiden

보기

S1: Meine Hände sind schmutzig.
S2: Warum wäschst du sie dir nicht?

1. Mein Bart ist zu lang.
2. Meine Füße sind schmutzig.

3. Meine Fingernägel sind zu lang.
4. Meine Haut ist ganz trocken.
5. Meine Haare sind nass.
6. Mein Hals ist schmutzig.
7. Meine Nase läuft.
8. Meine Haare sind zu lang.
9. Mein Gesicht ist ganz trocken.
10. Meine Haare sind fettig.

12/ 주어진 낱말 또는 구로 문장을 만드시오.

1. Amelie / eine Party / machen

   ____

2. sie / ihre Freunde / einladen

   ____

3. die Gäste / ihr / Blumen / bringen

   ____

3. Amelie / in einem alten Haus / wohnen

   ____

4. sie / es / ihnen / zeigen

   ____

13/ „nicht"로 부정문을 만드시오.

1. Das machen wir gerne.
2. Der Koffer ist hier oben.
3. Sie werden morgen kommen.
4. Er kann nachmittags schlafen.

5. Sie hat früher in Paris gewohnt.
6. Da vorne kannst du links fahren.

14/ 밑줄 친 낱말로 시작하는 문장을 만드시오.

1. wir / wiedersehen / uns / bald / müssen /.
2. sie / morgen/ zur Post/ gehen/.
3. ich / anrufen / dich / später /.
4. er / zu Hause sein / abends / diese Woche/.
5. ich / kommen / nach Hause / heute/ später/.

15/ „nicht“ 혹은 „kein“으로 부정문을 만드시오.

1. Ich gehe heute arbeiten. ______________________
2. Es regnet. ______________________
3. Er hat eine Katze. ______________________
4. Das Wetter ist schön. ______________________
5. Ich habe Durst. ______________________

16/ 주어진 구로 질문에 대답하시오.

1. Kommst du heute mit ins Kino? – Nein, / nicht / mit / komme / ich
2. Gehst du mit joggen? – Nein, / ich / heute / mag / joggen / nicht
3. Hast du gut geschlafen? – Nein, / nicht / ich / konnte / schlafen
4. Hast du heute einen Vortrag? – Nein, / ich / nicht / habe / einen Vortrag / sondern / mein Kollege

17/ 밑줄 친 부분을 부정하여 답하시오.

1. Alle haben es gesehen. ____________________
2. Ich habe dir etwas mitgebracht. ____________________
3. Dieses Buch findet man überall. ____________________
4. Sie hat alles organisiert. ____________________

18/ <보기>에서 주어진 낱말로 아래 질문에 대한 부정문을 만드시오.

보기

nicht mehr • niemand • noch nie • nichts mehr • nirgends • gar nicht

1. Kennst du jemand, der sich gut mit DVD-Rekordern auskennt?
2. Hast du am Wochenende viel gearbeitet?
3. Waren Sie schon einmal in einer Wüste?
4. Mein Auto ist kaputt, kann ich da noch was machen?
5. Kann man hier irgendwo schwimmen gehen?
6. Kannst du heute noch zu mir kommen?

• 부록 •

독일어 불규칙동사표

■ i-a-e pattern

부정형	3인칭 단수형	과거형	과거분사형	영어
essen	isst	aß	gegessen	to eat
fressen	frisst	fraß	gefressen	to eat (animals)
geben	gibt	gab	gegeben	to give
sein	ist	war	gewesen*	to be
sitzen	sitzt	saß	gesessen	to sit
treten	tritt	trat	getreten*	to step, go
vergessen	vergisst	vergaß	vergessen	to forget

* 노트: *표시된 과거분사는 현재완료형 문장에서 sein과 결합하는 동사임.

■ i/o-a-o pattern

beginnen	beginnt	begann	begonnen	to begin
brechen	bricht	brach	gebrochen	to break
erschrecken	erschrickt	erschrack	erschrocken*	to be frightened
gelten	gilt	galt	gegolten	to be valid
gewinnen	gewinnt	gewann	gewonnen	to win
helfen	hilft	half	geholfen	to help
nehmen	nimmt	nahm	genommen	to take
schwimmen	schwimmt	schwamm	geschwommen*	to swim
sprechen	spricht	sprach	gesprochen	to speak
sterben	stirbt	starb	gestorben*	to die
treffen	trifft	traf	getroffen	to meet
werfen	wirft	warf	geworfen	to throw
kommen	kommt	kam	gekommen*	to come

■ i-a-u pattern

binden	bindet	band	gebunden	to tie
finden	findet	fand	gefunden	to find
klingen	klingt	klang	geklungen	to sound, peal
schwingen	schwingt	schwang	geschwungen	to swing
singen	singt	sang	gesungen	to sing
sinken	sinkt	sankt	gesunken*	to sink
springen	springt	sprang	gesprungen*	to spring, jump
stinken	stinkt	stank	gestunken	to stink
trinken	trinkt	trank	getrunken	to drink
verschwinden	verschwindet	verschwand	verschwunden*	to disappear
zwingen	zwingt	zwang	gezwungen	to compel, force

■ i/e/u-a-a pattern

brennen	brennt	brannte	gebrannt	to burn
bringen	bringt	brachte	gebracht	to bring
denken	denkt	dachte	gedacht	to think
kennen	kennt	kannte	gekannt	to know (a person)
nennen	nennt	nannte	genannt	to name
rennen	rennt	rannte	gerannt*	to run
senden	sendet	sandte	gesandt	to send*
stehen	steht	stand	gestanden	to stand
tun	tut	tat	getan	to do, put, place

* 노트: 'to broadcast'란 의미의 senden은 규칙변화한다.

예 sendet, sendete, gesendet

■ ie-a-e pattern

geschehen	geschieht	geschah	geschehen*	to happen
bringen	bringt	brachte	gebracht	to bring
denken	denkt	dachte	gedacht	to think
kennen	kennt	kannte	gekannt	to know (a person)

■ ie-a-o pattern

befehlen	befiehlt	befahl	befohlen	to command, order
empfehlen	empfiehlt	empfahl	empfohlen	to recommend
stehlen	stiehlt	stahl	gestohlen	to steal

■ ie/ü-o-o pattern

bieten	bietet	bot	geboten	to offer
fliegen	fliegt	flog	geflogen*	to fly
fliehen	flieht	floh	geflohen*	to flee
frieren	friert	fror	gefroren*	to freeze
genießen	genießt	genoss	genossen	to enjoy
gießen	gießt	goss	gegossen	to pour
kriechen	kriecht	kroch	gekrochen*	to crowl, prowl
riechen	riecht	roch	gerochen	to smell
schieben	schiebt	schob	geschoben	to push, shove
schießen	schießt	schoss	geschossen	to shoot
schließen	schließt	schloss	geschlossen	to close
verlieren	verliert	verlor	verloren	to lose
wiegen	wiegt	wog	gewogen	to weigh
ziehen	zieht	zog	gezogen**	to pull
betrügen	betrügt	betrog	betrogen	to betray, deceive
lügen	lügt	log	gelogen	to lie

** 노트: 'to pull' 이란 의미의 'ziehen'은 현재완료형에서 haben 과 결합하고, 'to go, move'란 의미의 'ziehen'은 sein 과 결합한다.

예 Der Zahnarzt hat viele Zähne gezogen; Ich bin gezogen.

■ ei-ie-ie pattern

bleiben	bleibt	blieb	geblieben*	to stay
leihen	leiht	lieh	geliehen	to lend (out)
reiben	reibt	rieb	gerieben	to rub, grate
scheiden	scheidet	schied	geschieden	to separate
scheinen	scheint	schien	geschienen	to seem, shine

schreiben	schreibt	schrieb	geschrieben	to write
schreien	schreit	schrie	geschrie(e)n	to shout, yell
schweigen	schweigt	schwieg	geschwiegen	to be(come) silent
steigen	steigt	stieg	gestiegen*	to rise, mount
treiben	treibt	trieb	getrieben	to force, drive, urge, play (sport)
vermeiden	vermeidet	vermied	vermieden	to avoid
verzeihen	verzeiht	verzieh	verziehen	to pardon, excuse

■ ei-i-i pattern

beißen	beißt	biss	gebissen	to bite
gleichen	gleicht	glich	geglichen	to resemble (+ dat.)
greifen	greift	griff	gegriffen	to grasp, grab
leiden	leidet	litt	gelitten	to suffer
pfeifen	pfeift	pfiff	gepfiffen	to whistle
reißen	reißt	riss	gerissen	to rip, tear
reiten	reitet	ritt	geritten*	to ride (on horse)
schneiden	schneidet	schnitt	geschnitten	to cut
streiten	streitet	stritt	gestritten	to argue, quarrel

■ ä/e-i-a pattern

fangen	fängt	fing	gefangen	to catch
hängen	hängt	hing	gehangen	to be hanging
gehen	geht	ging	gegangen	to go

■ ä-ie-a pattern

blasen	bläst	blies	geblasen	to blow, sound
braten	brät	briet	gebraten	to roast
fallen	fällt	fiel	gefallen*	to fall
geraten	gerät	geriet	geraten*	to fall into, get into
halten	hält	hielt	gehalten	to hold, bring yourself to a standstill

lassen	lässt	ließ	gelassen	to let, leave (something behind)
laufen	läuft	lief	gelaufen*	to run, walk
raten	rät	riet	geraten	to advise, guess
schlafen	schläft	schlief	geschlafen	to sleep

■ ä-u-a pattern

fahren	fährt	fuhr	gefahren*	to travel, go
graben	gräbt	grub	gegraben	to dig
laden	lädt	lud	geladen	to load, to invite
schlagen	schlägt	schlug	geschlagen	to hit, beat, strike
tragen	trägt	trug	getragen	to carry, wear
wachsen	wächst	wuchs	gewachsen*	to grow
waschen	wäscht	wusch	gewaschen	to wash
backen	backt	backte	gebacken	to bake
haben	hat	hatte	gehabt	to have
heißen	heißt	hieß	geheißen	to be called
rufen	ruft	rief	gerufen	to call, shout
werden	wird	wurde	geworden*	to become
wissen	weiß	wusste	gewusst	to know

■ 화법조동사

부정형	3인칭 단수형	과거형
dürfen	darf	durfte
können	kann	konnte
dürfen	darf	durfte
können	kann	konnte
mögen	mag	mochte
müssen	muss	musste
sollen	soll(te)	sollte
wollen	will	wollte

*** 노트: 화법조동사는 과거분사형보다는 부정형과 결합하여 현재완료형을 구성한다.

예 Ich habe es machen müssen. Er hat das nicht glauben können.

정답편

01 명사의 성과 관사

연습문제 1

(1) ein / der / rot
(2) eine / die / braun
(3) ein / der / grün
(4) ein / das / orange
(5) eine / die / grau
(6) eine / die / schwarz

연습문제 2

(1) Nein, das ist eine Lampe.
(2) Nein, das ist eine Tafel.
(3) Nein, das ist ein Fenster.
(4) Nein, das ist ein Kind.
(5) Nein, das ist ein Heft.
(6) Nein, das ist eine Uhr.
(7) Nein, das ist ein Tisch.
(8) Nein, das ist eine Tür.
(9) Nein, das ist ein Stuhl.

연습문제 3

(1) ein (2) ein (3) das (4) -- (5) das
(6) eine (7) -- (8) Die

연습문제 4

(1) -- (2) -- (3) ein (4) eine (5) die
(6) den (7) die (8) -- (9) eine (10) ein
(11) einen (12) eine

연습문제 5

(1) ein / --　　(2) eine / einen / Der / der

(3) ein / dem / die / -- / einen

연습문제 6

(1) keine　(2) keine　(3) kein　(4) keine　(5) keine

(6) keinen

연습문제 7

Kindchen, Programmierer, Sportler, Köchin, Mannschaft, Zeichnung, Häuslein, Sicherheit, Freundschaft, Musiker, Polizistin, Käufer, Kleinigkeit, Gesundheit

연습문제 8

(1) Maler　(2) Fahrer

(3) Erzähler　(4) Bäcker

(5) Tänzerin　(6) Lehrerin

(7) Zuschauerin　(8) Wählerin

연습문제 9

(1) das Häuschen　(2) das Hündchen

(3) das Gläschen　(4) das Bächlein

(5) das Büchlein　(6) das Tierlein

연습문제 10

(1) zum Kochen.　(2) beim Joggen.

(3) zum Lesen　(4) zum Arbeiten

(5) beim Schwimmen

연습문제 11

(1) die　(2) eine　(3) der　(4) Die　(5) die

(6) die / die　(7) eine　(8) die

연습문제 12

(1) Das (2) Das (3) Die (4) Das (5) Der
(6) Der (7) Die (8) Die (9) die (10) Die
(11) Das (12) Die (13) Das (14) Die (15) das
(16) Die (17) die (18) das (19) den (20) das

연습문제 13

(1) eins / kein(e)s (2) was für einen
(3) einer (4) kein(e)s
(5) was für ein(e)s

연습문제 14

(1) Ich habe Fieber. (2) Er ist Lehrer.
(3) Sie ist eine gute Lehrerin. (4) Hat er Zahnweh?
(5) Er ist als Student in Berlin. (6) Er ist Professor.
(7) Sie wird Pianistin. (8) Wir haben Halsweh.

02 명사의 복수형

연습문제 1

(1) zwei Hosen (2) eine Lampe
(3) eine Freundin (4) zwei Uhren
(5) zwei Hefte (6) zwei Autos
(6) zwei Kleider (7) einen Stuhl
(8) zwei Tische (9) einen Rock

연습문제 2

Der Mensch hat zwei Arme, zwei Füße, viel Haare, zwei Hände, eine Nase, zwei Ohren, zwei Schultern.

연습문제 3 (예시)

In meinem Zimmer ist/sind viele Bücher, ein Fenster, zwei Lampen, zwei Stühle, ein Tisch, eine Tür, eine Uhr, vier Wände,

연습문제 4

(1) Maus
(2) Schlüssel
(3) Kugelschreiber
(4) U-Bahn
(5) Tasche

연습문제 5

(1) Wir haben keine Autos.
(2) Wo sind seine Brüder?
(3) Wer hat jene Bilder genommen?
(4) Welche Lieder soll ich singen?
(5) Wer hilft den Babys?
(6) Das gefällt den Mädchen.
(7) Meine Freundinnen kommen.
(8) Wo sind unsre Hotels?
(9) Wo sind die Museen?
(10) Die Bücher der Studenten liegen hier.

연습문제 6

(1) der Mann - die Männer
(2) die Adresse - die Adressen
(3) das Hotel - die Hotels
(4) das Haus - die Häuser
(5) die Frau - die Frauen
(6) der Tisch - die Tische
(7) der Student - die Studenten
(8) die Lehrerin - die Lehrerinnen

연습문제 7

(1) der Abfall - die Abfälle
(2) der Teller - die Teller
(3) der Fuß - die Füße
(4) das Kino - die Kinos
(5) der Koffer - die Koffer
(6) das Auge - die Augen
(7) das Ohr - die Ohren
(8) das Kind - die Kinder

연습문제 8

(1) der Monat - der Mann - das Meer - der Mantel
(2) die Schule - der Schlüssel - die Sprache - die Stunde
(3) das Kino - der Käse - das Kind - das Kilogramm
(4) der Name - die Nase - die Nummer - die Natur
(5) der Salat - der Schrank - der Schlüssel - die Sonne

연습문제 9

(1) die Freiheit	-en
(2) das Mäuschen	
(3) die Bäckerei	-en
(4) die Station	-en
(5) die Reinigung	-en
(6) die Kleinigkeit	-en
(7) das Büchlein	-
(8) die Kollegin	-nen
(9) der Liebling	-e
(10) die Zeitung	-en
(11) die Herrschaft	-en
(12) der Journalismus	-

03 대명사

연습문제 1

(1) Sie (2) Es (3) Er (4) Sie (5) Es
(6) Sie (7) Er (8) Sie (9) Sie (10) Er

연습문제 2

(1) deine (2) dein / mein
(3) mein / mein / Dein (4) Ihre / Meine / mein

연습문제 3

(1) Ich komme aus ...

(2) Meine Mutter kommt aus ...

(3) Mein Vater kommt aus ...

(4) Meine Großeltern kommen aus ...
Mein Großvater kommt aus ... und meine Großmutter kommt aus ...

(5) Mein Professor / Meine professorin kommt aus ...

(6) Ein Student aus meinem Deutschkurs heißt ... und er kommt aus ...

(7) Eine Studentin aus meinem Deutschkurs heißt ... und sie kommt aus ...

연습문제 4

(1) sie (2) Sie (3) du / Ich (4) ihr / Wir

(5) Ich / ihr / Wir

연습문제 5

(1) Ihren (2) Deine (3) eure (4) Deine

(5) Ihr (6) deine (7) Euren

연습문제 6

(문장은 다양하게 구성할 수 있음)

(예시) Jan verkauft seine Gitarre.

연습문제 7

(1) ihr / wir (2) Sie / Ich

(3) sie / er (4) du / Ich / ihr / Wir

연습문제 8

(1) mein (2) meine (3) mein (4) meine (5) meine

(6) meine (7) mein

연습문제 9

(1) meine (2) deinen (3) eure (4) Ihre (5) unsere

연습문제 10

(1) Elias nimmt seinen CD-Player, seine CDs und seine Sonnenbrille mit.

(2) Emma fährt nicht ohne ihre Handtasche, ihr Handy und ihren Wecker.

(3) Leni packt Ihr Handtuch, ihre Joggingschuhe und ihre Sonnencreme ein.

(4) Tom fährt nur mit seine Sportzeitschrift, seinem Kissen und seinem Fotoapparat weg.

연습문제 11

(1) B (2) C (3) A (4) D

연습문제 12

(1) diesem (2) welche (3) einige (4) jeden (5) manchen
(6) diese (7) irgendein

연습문제 13

(1) jedes (2) Dieses (3) irgendeine (4) welche (5) welche
(6) manche (7) alle (8) jedes

연습문제 14

(1) Sie (2) Er (3) Sie (4) ihr (5) Sie

연습문제 15

(1) Sie (2) Sie (3) ich (4) Sie (5) ich
(6) sie (7) ich (8) Sie (9) Ich (10) Sie

연습문제 16

(1) ihr (2) ihn (3) sie (4) ihnen (5) Dir

연습문제 17

(1) euch / Wir (2) euch (3) ihn
(4) ihnen (5) ihr / mich (6) sie

연습문제 18

(1) alle (2) jemand (3) alle (4) jeder (5) niemand
(6) jeder (7) jemand (8) alles

연습문제 19

(1) wer (2) wo (3) was (4) Wann (5) Wie
(6) Wie (7) Warum

연습문제 20

(1) Wer ist das?
(2) Wem gehört die Jacke?
(3) Wen rufst du/rufen Sie (nachher) an?
(4) Wer kommt (heute) zu Besuch?

연습문제 21

(1) Wohin (2) Warum (3) Wann (4) Wo (5) Warum

연습문제 22

(1) niemand (2) etwas (3) Jeder (4) nichts (5) Man

연습문제 23

(1) Er gab es seiner Mutter.
(2) Ich habe ihr ein Paket geschickt.
(3) Sie zeigte sie ihrem Kind.
(4) Sie erzählen ihnen die Neuigkeit.
(5) Sie bringen sie den Kranken.

연습문제 24

(1) er (2) du (3) Sie (4) sie. (5) du
(6) Sie (7) Sie (8) Sie (9) Sie (10) es.
(11) wir / sie. (12) sie / es. (13) sie / sie (14) er / sie. (15) ich / ihn.

04 명사의 격

연습문제 1

Emil kauft die Tasche, die Stühle und den Schreibtisch.

Laura kauft die Tasche, das Regal und den Schreibtisch.

Johanna kauft den Pullover, die Lampe und den Videorekorder.

Ich kaufe ...

연습문제 2

(예시) Ich habe ein Bett, Bilder, Bücher, einen Fernseher, eine Lampe, ein Telefon und einen Sessel.

연습문제 3

(1) dich (2) mich / dich (3) uns

(4) euch (5) dich / dich

(6) mich / Sie (7) Sie

연습문제 4

(1) Ja, ich mache es gern. / Nein, ich mache es nicht gern.

(2) Ja, ich kann es aufsagen. / Nein, ich kann es nicht aufsagen.

(3) Ja, ich kenne ihn. / Nein, ich kenne ihn nicht.

(4) Ja, ich lese sie gern. / Nein, ich lese sie nicht gern.

(5) Ja, ich lerne ihn gern. / Nein, ich lerne ihn nicht gern.

(6) Ja, ich kenne sie. / Nein, ich kenne sie nicht.

(7) Ja, ich vergesse sie oft. / Nein, ich vergesse sie nicht oft.

(8) Ja, ich mag ihn/sie. / Nein, ich mag ihn/sie nicht.

연습문제 5

(1) Ich backe meiner Tante einen Kuchen.

(2) Ich erkläre meinem Partner eine Geschichte.

(3) Ich erzählte meiner Kusine einen Witz.

(4) Ich gebe meinem Freund einen Kuss.

(5) Ich kaufe meinem Vater eine Krawatte.

(6) Ich koche meiner Mitbewohnerin Kaffee.

(7) Ich leihe meinem Bruder fünfzig Dollar.
(8) Ich schenke meiner Großmutter ein Buch.
(9) Ich schreibe meiner Mutter einen Brief.
(10) Ich verkaufe meinem Mitbewohner mein Deutschbuch.

연습문제 6

(1) Amelie erklärt ihrer Freundin die Grammatik.
(2) Emil erzählt seinem Vetter ein Märchen.
(3) Lukas gibt seiner Mutter ein Armband.
(4) Lena kauft ihrem Mann einen Rucksack.
(5) Jakob kocht seinem Freund eine Suppe.
(6) Ben leiht seinen Eltern einen Regenschirm.
(7) Lara schenkt ihrer Schwester einen Bikini.
(8) Frau Johanna schreibt ihrer Tante eine Karte.
(9) Charlotte verkauft ihrem Professor ein Zelt.

연습문제 7

(1) Wer (2) Wen (3) Wem (4) Wen (5) Wem
(6) wer

연습문제 8

(1) mir (2) dir (3) euch (4) Ihnen (5) uns

연습문제 9

(1) Er hat ihr einen Regenschirm geschenkt.
(2) Sie hat ihm ihr Auto geliehen.
(3) Er hat ihm tausend Mark geliehen.
(4) Sie hat ihr einen Witz erzählt.
(5) Er hat ihnen eine Geschichte erzählt.
(6) Sie hat ihr ihre Sonnenbrille verkauft.
(7) Er hat ihnen seinen Fernseher verkauft.
(8) Sie hat ihm ihr Büro gezeigt.
(9) Er hat ihm seine Wohnung gezeigt.

(10) Sie hat ihr eine neue Brille gekauft.

(11) Er hat ihr einen Kinderwagen gekauft.

연습문제 10

(1) Emilia spricht über den Beruf ihrer Schwester.

(2) Tom spricht über das Bild seines Vaters.

(3) Frau Johanna spricht über das Alter ihrer Nichten.

(4) Julian spricht über die Länge seines Studiums.

(5) Alex spricht über die Sprache seiner Großeltern.

(6) Lina spricht über die Kleidung ihres Freundes.

(7) Tom spricht über die Qualtität des Leitungswassers in Frankfurt.

(8) Clara spricht über die Situation der Frauen.

연습문제 11

(1) Nachbarn
(2) Kollegen
(3) Journalist
(4) Namen
(5) Bundespräsidenten

연습문제 12

(1) (4) die Maus.

(2) (1) der Brille /(2) der Schlüssel

(3) (1) der Schule /(3) den Bäcker

(4) (1) der Brief

연습문제 13

(1) Die / meines / Freundes / diesen

(2) Eines / Tages / seiner / Frau-- / einen

(3) Die / dieses / Mädchens.

(4) Unser-- / diese

(5) Welche / der / seiner / Mutter--

(6) Solche / keine

(7) Meine / unsren / Eltern-- / kein--

(8) Der / jenes / Herrn

(9) ihrem / jeden / einen

(10) Welches / der / des / Lehrers?

05 동사 현재인칭변화

연습문제 1

Julian Neumann wohnt in Berlin. Er geht in die Schule. Seine Schwester heißt Anna. Sie macht viel Sport. Julian und Anna wohnen bei ihren Eltern. Die Eltern heißen Luisa und Lukas. Sie leben und arbeiten in Berlin.

연습문제 2

○ Ich heiße Lilliy. Ich komme aus Milano. Und woher kommst du?

● Ich komme aus München. Aber ich lebe jetzt auch in Italien.

○ Ach ja? Was machst du da? Arbeitest du bei einer Firma?

● Nein, ich studiere in Rom.

○ Das finde ich ja toll. Was studierst du denn?

연습문제 3

○ Hallo, mein Name ist Hauser. Und wie heißen Sie?

● Ich heiße Hartmann, Elias Hartmann. Ich wohne erst drei Wochen hier.

○ Und was machen Sie, Frau Hartmann?

● Ich arbeite bei der Firma Hyundai.

○ Wie gefällt es Ihnen?

● Na ja, ich habe sehr viel Arbeit.

연습문제 4

(1) Sie wird am 1. April sieben Jahre alt,

(2) Ich habe am ... Geburtstag.

(3) Dann werde ich ... Jahre alt.

(4) Heute ist das Wetter schlecht.

(5) Morgen wird es besser.

연습문제 5

Familie Müller wohnt in Berlin. Herr Müller arbeitet in einem Krankenhaus. Er kommt aus Hamburg. Herr und Frau Müller und die beiden Kinder Luisa und Alex leben schon zehn Jahre in Berlin. „Wir leben gern in Berlin", sagt Luisa „ich finde es hier richtig gut. Aber später gehe ich nach London."

연습문제 6

(schlafen) - schläft
(machen) - macht
(essen) - isst
(sein) - ist
(erzählen) - erzählt
(sprechen) - spricht
(treffen) - trifft
(fahren) - fährt

연습문제 7

(1) heißt / heiße / heiße (2) heißen / heiße
(3) heiße / heiße / heißt

연습문제 8

(1) bist / bin / sind (2) ist / sind
(3) seid / bin / ist (4) bin / bin

연습문제 9

(1) haben / habe (2) hast
(3) Habt / hat / haben / habe

연습문제 10

(1) kommst / komme
(2) kommt / kommt / Woher / kommen / ich / kommen
(3) sie / kommen
(4) ihr / wir

연습문제 11

(1) Ich besuche Freunde.
(2) Ihr geht ins Kino.
(3) Hanna und Jan lernen Spanisch.
(4) Du spielst gut Tennis.
(5) Maya studiert in Regensburg.
(6) Ich lese ein Buch.
(7) Wir reisen nach Deutschland.
(8) Niclas hört gern Musik.
(9) Julian und Sara kochen Spaghetti.

연습문제 12

(1) tanzt / tanze / tanzt
(2) geht / machen /reist / arbeitet.
(3) kochen / macht / besuchen

연습문제 13

machen / fährt / sieht / Isst / isst / isst / macht / lese / schläft / fahren

연습문제 14

(1) Wir sprechen (nicht) gern Deutsch. Sprecht ihr auch (nicht) gern Deutsch?
(2) Ich lade (nicht) gern Freunde ein. Lädst du auch (nicht) gern Freunde ein?
(3) Ich laufe (nicht) gern Im Wald. Läufst du auch (nicht) gern im Wald?
(4) Ich trage (nicht) gern Pullis. Trägst du auch (nicht) gern Pullis?
(5) Wir sehen (nicht) gern fern. Seht ihr auch (nicht) gern fern?
(6) Ich fahre (nicht) gern Fahrrad. Fährst du auch (nicht) gern Fahrrad?
(7) Wir vergessen (nicht) gern die Hausaufgabe. Vergesst ihr auch (nicht) gern Hausaufgabe?
(8) Ich schlafe (nicht) gern. Schläfst du auch (nicht) gern?

연습문제 15

(1) Wie heißt du?
(2) Was mixt du?
(3) Du tanzt gut.
(4) Warum grüsst du mich nicht?
(5) Wohin reist du?
(6) Was hasst du?
(7) Wo sitzt du?
(8) Beißt du in den Apfel?

06 분리 동사와 비분리 동사

연습문제 1

(1) auf (2) auf (3) ein (4) an (5) aus
(6) ab (7) ein (8) aus (9) auf

연습문제 2

(1) Julian ist wütend, weil er immer so früh aufstehen muss.
(2) Hanna ist froh, weil sie heute nicht arbeiten muss.
(3) Clara ist in Eile, weil sie noch einkaufen muss.
(4) Jonas ist traurig, weil Melanie ihn nicht anruft.
(5) Tom geht nicht zu Fuß, weil seine Freundin ihn zur Uni mitnimmt.
(6) Elias hat selten Langweile, weil er immer fernsieht.
(7) Leni hat Angst vor Wasser, weil sie nicht schwimmen kann.
(8) Moritz fährt in die Türkei, weil er seine Eltern besuchen will.

연습문제 3

(1) aufstehst (2) mache ... aus / fernsiehst
(3) kommt ... an (4) zieht ... um
(5) einladen (6) räumt ...auf
(7) mitkommen / mitnimmst (8) rufst ... an

연습문제 4

(1) verdient / --- . (2) siehst / aus .
(3) anziehen (4) entscheidet / --- .
(5) aufstehe (6) bestelle / --- .

연습문제 5

(1) ging ... weg (2) fuhr ... ab
(3) stieg ... ein (4) stieg ... um
(5) kam ... an (6) stieg ... aus

연습문제 6

(1) bestellt
(2) bekommen
(3) unterschrieben
(4) ausgepackt
(5) angerufen
(6) entschuldigt
(7) erhalten

연습문제 7

(1) Ich habe es auch nicht verstanden.
(2) Leider nein, ich habe es vergessen.
(3) Ich bin heute zu spät aufgestanden.
(4) Wir sind noch kurz ausgegangen.
(5) Wir haben doch erst begonnen.
(6) Er hat mir sehr gut gefallen.

연습문제 8

(1) Ich schreib das Lied ab.
(2) Wir lernen ihn kennen.
(3) Wer macht das Fenster zu?
(4) Sie lädt die Eltern ein.
(5) Die Schüler hören der Lehrerin zu.
(6) Wann findet der Musikunterricht statt?
(7) Wann fährt der Bus ab?

연습문제 9

분리 동사	비분리 동사
ausziehen, einziehen, einkaufen, abschließen, aufstellen, vorschlagen, durchnehmen, ausmachen, umziehen	verkaufen, bezahlen, vertreten, beantworten, verbieten

07 화법조동사

연습문제 1

(1) Ich möchte ein Auto und eine Sonnenbrille.

(2) Mein bester Freund / Meine beste Freundin möchte eine Katze.

(3) Meine Eltern möchten einen Videorekorder.

(4) Mein Mitbewohner / Meine Mitbewohnerin und ich möchten einen Fernseher.

(5) Mein Nachbar / Meine Nachbarin in der Klasse möchte ein Motorrad.

(6) Mein Professor / Meine Professorin Meine Professorin möchte einen Koffer.

(7) Mein Bruder / Meine Schwester Mein Bruder möchte einen Hund.

연습문제 2

(1) Mein Freund / meine Freundin kann kann Deutsch.

(2) Meine Eltern können Golf spielen.

(3) Ich kann / Wir können Ski fahren.

(4) Mein Bruder / Meine Schwester kann Klavier spielen.

(5) Der Professor / Die Professorin kann gut kochen.

(1) Kannst du / Könnt ihr Gedichte schreiben?

(2) Kannst du / Könnt ihr Auto fahren?

(3) Kannst du / Könnt ihr tippen?

(4) Kannst du / Könnt ihr stricken?

(5) Kannst du / Könnt ihr zeichnen?

연습문제 3

(1) Heute Abend will ich ...

(2) Morgen kann ich nicht ...

(3) Mein Freund / Meine Freundin kann gut ...

(4) Am Samstag will mein Freund / meine Freundin ...

(5) Mein Freund / Meine Freundin und ich wollen ...

(6) Im Winter wollen meine Eltern / meine Freunde ...

(7) Meine Eltern / Meine Freunde können gut ...

연습문제 4
(1) Sie darf nicht mit Jens zusammen lernen.
(2) Sie darf nicht viel fernsehen.
(3) Sie muss in der Klasse aufpassen und mitschreiben.
(4) Sie darf nicht jeden Tag tanzen gehen.
(5) Sie muss jeden Tag ihren Wortschatz lernen.
(6) Sie muss amerikanische Filme im Original sehen.
(7) Sie muss ihren Englischlehrer zum Abendessen einladen.
(8) Sie muss für eine Woche nach London fahren.
(9) Sie muss die englische Grammatik fleißig lernen.

연습문제 5
(1) Willst / will / kann / muss
(2) darf / musst / kann / darfst / könnt
(3) sollst / kann / musst

연습문제 6
(1) Sie muss zum Arzt gehen.
(2) Sie kann fast nicht sprechen.
(3) Sie muss beim Arzt lange warten. / Beim Arzt muss sie lange warten.
(4) "Frau Weber, Sie dürfen nicht arbeiten."
(5) "Sie müssen drei Tage im Bett bleiben."
(6) "Sie sollen wenig sprechen."

연습문제 7
(1) wollten
(2) konnten
(3) wollte
(4) wollte (musste)
(5) konnte (durfte)

연습문제 8
(1) darf
(2) Kann
(3) kann
(4) können
(5) müsst
(6) Müssen
(7) können/dürfen

연습문제 9

(1) Man darf nicht telefonieren. / Hier darf man nicht telefonieren.

(2) Man kann (darf) über die Straße gehen. / Jetzt kann (darf) man über die Straße gehen.

(3) Man darf kein Eis essen. / Hier darf man kein Eis essen.

(4) Man darf (kann) hier spielen. / Hier darf (kann) man spielen. / Hier dürfen (können) Kinder spielen.

(5) Man muss stehen bleiben. / Jetzt muss man stehen bleiben.

연습문제 10

(1) Die Mutter sagt, sie soll etwas Schönes anziehen.

(2) Der Vater sagt, sie soll nicht zu spät zu dem Termin kommen.

(3) Der Bruder sagt, sie soll keinen Kaffee am Morgen / am Morgen keinen Kaffee trinken.

(4) Die Schwester meint, sie soll heute früh ins Bett gehen.

(5) Eine Freundin sagt, sie soll sie sofort nach dem Gespräch anrufen.

(6) Die Oma sagt, sie soll selber auch Fragen stellen.

(7) Der Opa sagt, sie soll einfach ganz natürlich sein.

연습문제 11

(1) - A (2) - F (3) - B (4) - E (5) - C

(6) - D

08 명령형

연습문제 1

(1) Beeilt. (2) Seid (bitte) / (Bitte) Seid

(3) Wartet (4) Schaut

(5) Passt auf

연습문제 2

(1) nehmen Sie (2) warte

(3) macht (4) hol

(5) vergessen Sie	(6) sprich
(7) schlaft	(8) lauf

연습문제 3

nimm / Bleib / Fahr / Geh / Lass

nehmt / Steigt ... aus / Geht / Achtet

연습문제 4

(1) Hören Sie zu!

(2) Geben Sie mir die Hausaufgabe!

(3) Öffnen Sie das Buch!

(4) Schauen Sie an die Tafel!

(5) Nehmen Sie einen Stift!

(6) Sagen Sie “Guten Tag”!

(7) Schließen Sie das Buch!

(8) Schreiben Sie “Tschüs”!

연습문제 5

(1) - (e)	(2) - (c)	(3) - (d)	(4) - (a)	(5) - (b)
(6) - (g)	(7) - (i)	(8) - (j)	(9) - (h)	(10) - (f)

연습문제 6

(1) Schlaf nicht den ganzen Tag!

(2) Lieg nicht den ganzen Tag in der Sonne!

(3) Vergiss nicht deine Hausaufgaben!

(4) Lies deine Bücher!

(5) Sieh nicht den ganzen Tag fern!

(6) Trink nicht zu viel Cola!

(7) Sprich nicht mit vollem Mund!

(8) Trag deine Brille!

(9) Geh spazieren!

(10) Treib Sport!

연습문제 7

(1) Trag heute ein T-Shirt!

(2) Spiel keine laute Musik!

(3) Lern den Wortschatz!

(4) Ruf deine Freunde an!

(5) Lauf nicht allein im Park!

(6) Lieg nicht zu lange in der Sonne!

(7) Räum dein Zimmer auf!

(8) Iss heute Abend in einem Restaurant!

(9) Geh nicht zu spät ins Bett!

(10) Steh früh auf!

연습문제 8

(1) Zieh dir einen Pullover an!

(2) Zieh dir die Jacke aus!

(3) Nimm einen Regenschirm mit!

(4) Fahr mit dem Bus!

(5) Sonn dich!

(6) Fön dir die Haare!

(7) Schneide sie dir!

(8) Iss etwas!

(9) Ärger dich nicht!

(10) Ruh dich aus!

연습문제 9

(1) Elias und Emil, seid nicht so laut!

(2) Moritz und Marie, seid pünktlich!

(3) Tim, rauche nicht so viel!

(4) Hanna, iss mehr Obst!

(5) Herr Koch, fahren Sie nicht so schnell!

(6) Frau Meier, warten Sie an der Ecke!

(7) Lena und Sophia, seid nicht so ungeduldig!

(8) Alex und Lina, grüßt euren Vater von mir!

(9) Felix, wasch dich und putz dir die Zähne!

(10) Hanna und Luis, lest jeden Tag die Zeitung.

연습문제 10

(1) Mach
(2) Sprechen Sie
(3) warte
(4) vergiss
(5) Helft

연습문제 11

(1) Beeilt euch!
(2) Setzen Sie sich!.
(3) Ruh dich aus!.
(4) Entscheide dich!.
(5) Entspannen Sie sich!.
(6) Verabschiedet euch!.

연습문제 12

(1) Gehen Sie bitte weiter!

(2) Schließ die Tür, bitte!

(3) Bitte macht das Fenster auf!

(4) Bitte vergessen Sie mein Buch nicht!

(5) Wartet nocht kurz, dann bin ich auch fertig!

(6) Unterschreiben Sie bitte hier!

(7) hör bitte auf damit!

연습문제 13

(1) Zieh dich warm an! Zieht euch warm an!

(2) Setz eine Mütze auf! Setzt eine Mütze auf!

(3) Beweg dich viel! Bewegt euch viel!

(4) Geh täglich spazieren! Geht täglich spazieren!

(5) Trink viel Tee! Trinkt viel Tee!

연습문제 14

(1) Waschen und putzen Sie das Gemüse!

(2) Schneiden Sie die Zwiebel fein!

(3) Braten Sie die Zwiebel kurz in Butter!

(4) Geben Sie das geschnittene Gemüse dazu!

(5) Gießen Sie 1/2 Liter klare Suppe auf!
(6) Würzen Sie mit Salz, Pfeffer und Thymian!

연습문제 15
(1) Bitte hört damit auf!
(2) Ruf mich am Abend an!
(3) Wiederholen Sie das, bitte!
(4) Gib mir mal bitte das Brot!
(5) Holen Sie mich bitte vom Hotel ab!
(6) Schicken Sie mir bitte eine E-Mail!

9 수, 날짜, 시간

연습문제 1
(1) Es ist halb acht.
(2) Es ist elf Uhr.
(3) Es ist Viertel vor fünf.
(4) Es ist halb eins.
(5) Es ist zehn vor sieben.
(6) Es ist Viertel nach zwei.
(7) Es ist fünfundzwanzig nach fünf.
(8) Es ist halb elf.

연습문제 2
(1) (예시) Heute ist der zwölfte Mai.
(2) (예시) Morgen ist der dreizehnte Mai.
(3) Am fünfundzwanzigsten Dezember.
(4) 우리나라의 국경일은?
(5) Am ersten Januar.
(6) Am vierzehnten Februar.
(7) 내년 부활절은?
(8) Am einundzwanzigsten März.
(10) Am einundzwanzigsten Juni.

연습문제 3

(1) achten

(2) zweites

(3) vierte

(4) erste.

(5) dritten

(6) der Achte

(7) fünfte

(8) der Erste

(9) des Fünfzehnten.

(10) dem Zweiten.

연습문제 4

(1) Er hat am 20.(zwanzigsten) Januar Geburtstag.

(2) Heute ist der 13.(dreizehnte) Oktober 2017.

(3) Ich komme am Freitag, den 9.(neunten) März an.

(4) Er ist 1970 gestorben.

(5) Im Jahre 1980.

(6) Sie ist am 4.(vierten) April 1966 geboren.

(7) Er wurde 1822 geboren.

연습문제 5

(1) am Morgen

(2) Am Nachmittag

(3) In der Nacht

(4) am Mittag

(5) am Abend

연습문제 6

(1) Ja, ich bin immer abends hier.

(2) Ja, ich habe immer sonntags Zeit.

(3) Ja, ich gehe immer mittwochs mit.

(4) Ja, ich schreibe immer nachmittags.

(6) Ja, ich fahre immer morgens zur Schule.

연습문제 7

(1) Er kommt morgen abend.

(2) Er war gestern nachmittag zu Hause.

(3) Otto, hast du gestern abend geschlafen?

(4) Sie kommen übermorgen.

(5) Sie ist heute morgen abgefahren.

(6) Er kommt morgen nachmittag.

연습문제 8

(1) einen
(2) Letzten
(3) Diese
(4) den ganzen
(5) jede
(6) eine ganze
(7) einer
(8) jener

연습문제 9

(1) eines Tages
(2) eines Nachts
(3) eines Abends
(4) eines Nachmittags
(5) eines Morgens

10 현재완료형

연습문제 1

(1) gekauft.
(2) gemacht.
(3) geredet.
(4) geputzt.
(5) gelernt.
(6) gesurft.
(7) gebadet.

연습문제 2

ist / hat / ist / sind / haben / hat / haben / sind

연습문제 3

(1) Zuerst ist Peter zu spät zur Arbeit gekommen.

(2) Dann hat der Computer nicht funktioniert.

(3) Deshalb hat er den Computerservice gerufen. / Er hat deshalb den Computerservice gerufen.

(4) Inzwischen ist er in eine Besprechung gegangen. / Er ist inzwischen in eine Besprechung gegangen.

(5) Am Abend hat er lange gearbeitet. / Er hat am Abend lange gearbeitet.

(6) Schließlich hat er einen Kaffee geholt.

(7) Auf der Treppe ist er gestürzt. / Er ist auf der Treppe gestürzt.

(8) Dabei hat er sich am Knie verletzt. / Er hat sich dabei am Knie verletzt.

(9) Ein Kollege hat den Notarzt gerufen

(10) Der Notarzt hat Peter ins Krankenhaus gebracht.

연습문제 4

(1) hatte ... gesehen

(2) hatte ... geschlossen

(3) war ... geworden

(4) gefahren waren

(5) hatte ... gelernt

(6) hatte ... gekocht.

연습문제 5

(1) Ich hatte am Abend die Koffer gepackt.

(2) Ich hatte die Papiere in die Tasche gesteckt. /
Die Papiere hatte ich in die Tasche gesteckt.

(3) Ich war früh am Morgen zum Flughafen gefahren. /
Früh am Morgen war ich zum Flughafen gefahren.

(4) Ich hatte am Schalter das Ticket gezeigt. /
Am Schalter hatte ich das Ticket gezeigt.

(5) Ich hatte mich im Datum geirrt.

연습문제 6

(1) habe (2) war

(3) hatten. (4) war

(5) habe (6) waren/sind

연습문제 7

hat / ist / hat / hat / ist / sind / ist / hat / hat

연습문제 8

(1) Hanna ist um 7 Uhr aufgestanden.

(2) Sie sind zur Schule gegangen.

(3) Frau Hoffmann ist die Lehrerin.

(4) Sie hat "Herzlich Willkommen" an die Tafel geschrieben.

연습문제 9

haben / sind / haben / sind / sind / haben / haben / sind / haben / sind

연습문제 10

(1) Julian und Marie sind mit dem Taxi zum Bahnhof gefahren.

(2) Sie sind um 5.30 mit dem Zug abgefahren.

(3) Sie haben im Speisewagen gefrühstückt.

(4) Nachts haben sie schlecht geschlafen.

연습문제 11

aufgestanden / geduscht / gefrühstückt / gegangen / gehört / getroffen / getrunken / gearbeitet / gegessen.

연습문제 12

(1) Hast du schon gefrühstückt?

(2) Bist du schon geschwommen?

(3) Hast du schon eine Geschichte gelesen?

(4) Hast du schon Klavier gespielt?

(5) Hast du schon geschlafen?

(6) Hast du schon gegessen?

(7) Hast du schon Geschirr gespült?

(8) Hast du den Brief schon geschrieben?

(9) Hast du schon ins Bett gegangen?

연습문제 13

(1) R (2) F (3) R (4) R (5) R

연습문제 14

ist ... angekommen / hat ... begrüßt / getrunken / ist ... gegangen / hat geschlafen

ist ... gegangen / haben ... gefragt / hat ... gesprochen / haben ... getrunken / sind ... gegangen.

연습문제 15

(1) Bist du gestern früh aufgestanden? - Ja. - Wann? - Um 6 Uhr.
(2) Hast du gestern jemanden fotografiert? - Ja. - Wen? - Emma
(3) Hast du gestern jemanden besucht? - Ja. - Wen? - Ben.
(4) Bist du gestern ausgegangen? - Ja. - Wohin? - Ins Kino.
(5) Hast du gestern etwas bezahlt? - Ja. - Was? - Die Rechnung.
(6) Hast du gestern etwas repariert? - Ja. - Was? - Mein Auto.
(7) Hast du gestern etwas neues probiert? - Ja. - Was? - Segeln.
(8) Hast du gestern ferngesehen? - Ja. - Wie lange? - Eine Stunde.
(9) Hast du gestern etwas nicht verstanden? - Ja. - Was? - Claras Referat.
(10) Hast du gestern dein Zimmer aufgeräumt? - Ja. - Wann? - Um 4 Uhr.

연습문제 16

(1) bin
(2) hat / bin
(3) habe / bin
(4) bin
(5) bin
(6) habe / bin
(7) habe / ist
(8) haben / ist.
(9) ist (sind) / hat.
(10) habe

연습문제 17

(1) Ich habe schon Frühstück gemacht.
(2) Ich habe meine Milch schon getrunken.
(3) Ich habe den Tisch schon sauber gemacht.
(4) Ich bin schon zum Bäcker gelaufen.
(5) Ich habe schon Brötchen mitgebracht.
(6) Ich habe schon Geld mitgenommen.
(7) Ich habe den Hund schon gefüttert.
(8) Ich habe die Tür schon zugemacht.

11 동사의 과거변화

연습문제 1

(1) war (2) hatten (3) war (4) hatten
(5) hatte (6) waren (7) waren

연습문제 2

warst / war / warst / hatte / hattest / war
wart / hatten / hattet / war

연습문제 3

(1) Wir waren in Norwegen.
(2) Zuerst hatten wir schönes Wetter.
(3) Dann wurde das Wetter schlecht.
(4) Es wurde sehr kalt.
(5) Am nächsten Morgen war alles weiß.
(6) Wir hatten auch im Zelt Schnee.
(7) Leider wurde ich dann krank.

연습문제 4

(1) begann (2) nahm
(3) schlief (4) klingelte
(5) zog (6) sprach
(7) lachten

연습문제 5

wurde / schenkte / spielte / gewann / trainierte / begann / verließ / gab / dauerte / feierte / heirateten

연습문제 6

(1) Dort wohnten wir in einer Pension. / Wir wohnten dort in einer Pension.
(2) Jeden Tag lag ich am Strand. / Ich lag jeden Tag am Strand.
(3) Abends gingen wir in ein Restaurant. / Wir gingen abends in ein Restaurant.
(4) Ein Mal besuchten wir ein Museum. / Wir besuchten ein Mal ein Museum.

연습문제 7

(1) Ich liess Gudrun gehen.

(2) Das Pferd lief am schnellsten.

(3) Hubert ritt den ganzen Tag.

(4) Wir liehen Gisela das Buch.

(5) Der Rattenfänger fing Ratten.

(6) Ich schnitt ins Fleisch.

(7) Meine Eltern schrieben den Brief.

(8) Wir schrien nicht.

(9) Der Hund frass das Futter.

(10) Die Bücher lagen auf dem Tisch.

(11) Wir sprangen aus dem Fenster

(12) Ich sass auf einem Stuhl.

(13) Die Sängerin sang die Arie.

(14) Die Kinder tranken keinen Wein.

(15) Er fand die Diamantbrosche.

연습문제 8

(1) Alex besuchte mich gestern.

(2) Wir tranken Limonade.

(3) Er ass auch ein Stück Schokoladenkuchen.

(4) Wir fuhren ins Zentrum

(5) Wir traffen dort seine Freunde und wir gingen ins Kino.

(6) Der Film war prima.

(7) Wir kamen um acht Uhr nach Hause.

(8) Wir spielten eine Stunde Platten und sprachen über Musik.

(9) Meine Mutter machte noch Wurstbrote.

(10) Alex ging danach nach Hause.

12 전치사

연습문제 1

(1) - C (2) - E (3) - A (4) - D (5) - B

연습문제 2

(1) - B (2) - C (3) - D (4) - A

연습문제 3

(1) Worauf
(2) Worüber
(3) Womit
(4) Woran
(5) Wovon

연습문제 4

(1) um / Worum / Um
(2) zu / Wozu / Zu
(3) nach / Wonach / Nach
(4) über / Worüber / Über
(5) mit / Mit wem / Mit

연습문제 5

(1) Worüber freuen Sie sich?
(2) Über wen ärgere ich mich?
(3) Womit sind Sie gekommen?
(4) Wovon woll(t)en Sie (mir) erzählen?
(5) Wofür interessiere ich mich?

연습문제 6

(1) - C (2) - F (3) - A (4) - E (5) - B
(6) - D

연습문제 7

(1) mit (2) an (3) von (4) mit (5) zu
(6) mit

연습문제 8

(1) auf ihn .
(2) auf sie .
(3) über die
(4) für die
(5) über die

연습문제 9

(1) - E
(2) - F
(3) - D
(4) - A
(5) - B
(6) - C

연습문제 10

(1) Emma legt die CD auf den Tisch.
(2) Ein Auto steht vor der Tür.
(3) Ali zieht aufs Land.
(4) Die Kinder spielen im Haus.
(5) Die Katze liegt auf dem Sofa.
(6) Finn stellt die Ski in den Keller.
(7) Anna steigt am Hauptplatz aus.

연습문제 11

(1) zu
(2) von (bei)
(3) seit
(4) mit
(5) nach
(6) bei
(7) Ab

연습문제 12

(1) Aus
(2) aus
(3) bei
(4) seit
(5) bei (in)
(6) Nach
(7) mit
(8) mit
(9) nach
(10) zur

연습문제 13

(1) von
(2) mit

(3) von (4) aus

(5) aus (6) aus

연습문제 14

(1) Fahr mit der U-Bahn zum Karlsplatz!

(2) Steig dort in die Linie 4 um!

(3) Steig an der Friedensbrücke aus!

(4) Geh dann über die Brücke!

(5) Geh nach der Brücke rechts!

(6) Geh bei der Ampel über die Straße!

(7) Geh in den vierten Stock!

(8) Läute an der Tür!

연습문제 15

(1) - D (2) - A (3) - B (4) - C

연습문제 16

(1) Trotz des Regens geht Frau Schneider spazieren.

(2) Trotz der Krankheit arbeitet Luisa wie immer. / Während der Krankheit arbeitet Luisa wie immer.

(3) Wegen der Schmerzen geht Herr Neumann zum Arzt.

(4) Während der Pause isst Paul ein Brot.

(5) Wegen des heißen Klimas muss man viel trinken.

(6) Während des Fluges darf man nicht telefonieren.

연습문제 17

(1) - um (2) - seit (3) - mit (4) - in

(5) - für (6) - nach

연습문제 18

(1) - J (F) (2) - A (3) - L (4) - D (I)

(5) - G (6) - H (7) - K (8) - C (A, E)

연습문제 19

(1) damit
(2) daneben
(3) dabei
(4) darunter
(5) daran
(6) darauf
(7) darüber
(8) dazu
(9) danach
(10) davon

연습문제 20

(1) hinaus
(2) hinein
(3) heraus
(4) hinein

연습문제 21

(1) Womit
(2) Woran
(3) Woraus
(4) Wovon
(5) Worum
(6) Worüber
(7) Wovor
(8) Wofür

13 형용사

연습문제 1

(1) Amerikanisches Steak!
(2) Russischer Kaviar!
(3) Griechische Oliven!
(4) Koreanische Sojasoße!
(5) französischer Champagner!
(6) Deutsche Wurst!
(7) Dänischer Käse!
(8) Italienische Spaghette!
(9) Ungarischer Paprika!
(10) Englische Marmelade!
(11) Kolumbianischer Kaffee!
(12) Neuseeländische Kiwis!

연습문제 2

(1) Ja, aber nur deutsches Brot.
(2) Ja, aber nur russischen Kaviar.
(3) Ja, aber nur italienische Salami.
(4) Ja, aber nur kolumbianischen Kaffee.

(5) Ja, ber nur aber nur neuseeländische Kiwis.

(6) Ja, aber nur französischen Wein.

(7) Ja, aber nur belgisches Bier.

(8) Ja, aber nur spanische Muscheln.

(9) Ja, aber nur englische Marmelade.

(10) Ja, aber nur koreanischen Thunfisch.

연습문제 3

(1) MORITZ: Ich möchte den grauen Wintermantel da.
EMILIA: Nein, der graue Wintermantel ist viel zu schwer.

(2) MORITZ: Ich möchte die gelbe Hose da.
EMILIA: Nein, die gelbe Hose ist viel zu bunt.

(3) MORITZ: Ich möchte das schicke Hemd da.
EMILIA: Nein, das schicke Hemd ist vie zu teuer.

(4) MORITZ: Ich möchte die roten Socken da,
EMILIA: Nein, die roten Socken sind viel zu warm.

(5) MORITZ: Ich möchte den schwarzen Schlafanzug.
EMILIA: Nein, der schwarze Schlafanzug ist viel zu dünn.

(6) MORITZ: Ich möchte die grünen Schuhe da.
EMILIA: Nein, die grünen Schuhe sind viel zu groß.

(7) MORITZ: Ich möchte den modischen Hut da.
EMILIA: Nein, der modische Hut ist viel zu klein.

(8) MORITZ: Ich möchte die schwarzen Winterstifel da.
EMILIA: Nein, die schwarzen Winterstifel sind viel zu leicht.

(9) MORITZ: Ich möchte die elegante Sonnenbrille da.
EMILIA: Nein, die elegante Sonnenbrille ist viel zu bunt.

(10) MORITZ: Ich möchte die roten Tennisschuhe da.
EMILIA: Nein, die roten Tennisschuhe sind viel zu grell.

연습문제 4

(1) es / e /en　　(2) e / e　　(3) es / en / es

연습문제 5

(1) altes　　(2) volle　　(3) bunter　　(4) graue　　(5) kleines

(6) runder　　(7) neue

연습문제 6

(1) e / e　(2) e / e　(3) en / en　(4) e / e　(5) e / e

연습문제 7

(1) en　(2) en　(3) e　(4) e　(5) en
(6) en　(7) e　(8) es　(9) en　(10) er

연습문제 8

(1) frischen　(2) kühles
(3) kalten　(4) süße
(5) saure　(6) rohes

연습문제 9

(1) kalten / Heißer　(2) saure / Süße
(3) lange / Kurze　(4) altes / neues
(5) kleines / Große　(6) dicke / Dünne
(7) weite / Enge

연습문제 10

(1) kleinen　(2) dunkler
(3) dunklen　(4) altes
(5) schief　(6) steile
(7) kalten　(8) schrecklich
(9) seltsame　(10) offenen
(11) schwaches　(12) kleinen
(13) großer　(14) tiefe
(15) laut　(16) schwarzen
(17) reich

연습문제 11

(1) Angestellter　(2) Minderjährige
(3) Reiche　(4) Arbeitslose
(5) Verwandten

연습문제 12

(1) Anwesenden
(2) Verletzten
(3) Betrunkene
(4) Reisende
(5) Verliebten

연습문제 13

(1) meines
(2) Ihrer
(3) meiner
(4) deiner
(5) dieses
(6) alten
(7) ersten
(8) neuen

14 형용사 및 부사의 비교변화

연습문제 1

(1) Berlin ist größer als Zürich.
(2) München ist älter als San Francisco.
(3) Athen ist wärmer als Hamburg.
(4) Der Mount Everest ist höher als das Matterhorn.
(5) Der Mississippi ist länger als der Rhein.
(6) Liechtenstein ist kleiner als die Schweiz.
(7) Leipzig ist kälter als Kairo.
(8) Ein Fernseher ist billiger als eine Waschmaschine.
(9) Schnaps ist stärker als Bier.
(10) Ein Haus auf dem Land ist schöner als ein Haus in der Stadt.
(11) Zehn Euro ist mehr als zehn Dollar.
(12) Ein Appartment ist teurer als eine Wohnung in einem Studentenheim.
(13) Ein Motorrad ist schneller als ein Fahrrad.
(14) Ein Sofa ist schwerer als ein Stuhl.
(15) Bier ist besser als Milch.

연습문제 2

(1) Herr Wagner ist älter als Herr Meier.

(2) Frau Werner ist so groß wie Herr Wagner.
(3) Frau Werner ist größer als Frau Becker.
(4) Frau Becker ist kleiner als Herr Wagner.
(5) Frau Werner ist leichter als Herr Wagner.
(6) Herr Meier ist schwerer als Frau Becker.
(7) Frau Becker ist intelligenter als Herr Meier.
(8) Frau Werner ist so intelligent wie Herr Meier.
(9) Frau Becker ist progressiver als Herr Meier.
(10) Herr Wagner ist so progressiv wie Frau Werner.
(11) Herr Meier ist konservativer als Herr Wagner.

연습문제 3
(1) In Athen ist es am heißesten.
(2) In Moskau ist es am kältesten.
(3) Monaco ist am kleinsten.
(4) Frankreich ist am ältesten.
(5) Südafrika ist am jüngsten.
(6) Der Nil ist am längsten.
(7) Frankfurt liegt am nördlichsten.
(8) Der Mount Everest ist am höchsten.
(9) Deutschland ist am größten.

연습문제 4
(1) Lilly ist schwerer als Marie.
(2) Tom und Oskar sind am schwersten.
(3) Tom ist besser in Deutsch als Marie.
(4) Tom und Lilly sind am besten.
(5) Lilly ist kleiner als Oskar.
(6) Marie ist am kleinsten.
(7) Oskar ist jünger als Tom.
(8) Oskar ist am jüngsten.
(9) Toms Haare sind länger als Lilly.
(10) Maries Haare sind am längsten.

(11) Lillys Haare sind kürzer als Maries.
(12) Oskars Haare sind am kürzesten.
(13) Marie ist schlechter in Deutsch als Lilly.
(14) Oskar ist in Deutsch am schlechtesten.

연습문제 5

(1) Johanna leiht ihrem neuen Freund ihre Lieblings-CD.
(2) Leon verkauft dem kleinen Bruder von Johanna eine Ratt.
(3) Felix zeigt die Ratte nur seinen besten Freunden.
(4) Johanna schenkt ihrer besten Freundin ein Buch.
(5) Leon kauft seinem wütenden Lehrer eine Krawatte.
(6) Felix erzählt seiner großen Schwester einen Witz,
(7) Johanna kocht den neuen Leuten von nebenan Kaffee.
(8) Felix gibt dem süßen Baby von nebenan einen Kuss.

연습문제 6

(1) schneller als
(2) wärmer als
(3) dunkler als
(4) schöner als
(5) höher als
(6) länger als

연습문제 7

(1) so alt wie
(2) älter als
(3) besser als
(4) (genau) so schön wie
(5) schneller als
(6) mehr als

연습문제 8

(1) Sprechen Sie bitte (ein bisschen) lauter.
(2) Arbeite (doch) bitte (ein bisschen) schneller
(3) Sei (doch) bitte (ein bisschen) geduldiger.
(4) Helft mir (doch) bitte (ein bisschen) mehr.
(5) Geh (doch) bitte (ein bisschen) früher schlafen.
(6) Fahren Sie (doch) bitte (ein bisschen) langsamer.

연습문제 9

(1) Welcher Fußballer spielt am besten?

(2) Welches Tier schläft am längsten?

(3) Welche Sportlerin läuft am schnellsten?

(4) Welches Instrument klingt am lautesten?

(5) Welches Material ist am härtesten?

(6) Welche Speise schmeckt am schärfsten?

연습문제 10

(1) als
(2) so ... wie

(3) am
(4) das

(5) als
(6) so ... wie

15 접속사

연습문제 1 (예시)

Als ich eins war, habe ich laufen gelernt.

Als ich zwei war, habe ich sprechen gelernt.

Als ich fünf war, bin ich in die Schule gekommen.

연습문제 2

(1) Wann / Wenn
(2) wann / Als

(3) als
(4) Wann / als

(5) Wann / Wenn
(6) Wann / Als

연습문제 3

wenn / Als / Wenn / wenn / Als / Als / Wann / Als / wenn

연습문제 4

(1) - C ..., kletterte sie durch das Fenster.

(2) - D ..., lief er weg.

(3) - F ..., rief sie Marie an.

(4) - B ..., ging er ins Bett.
(5) - E ..., machte er eine Radtour.
(6) - H ..., war er ganz verliebt.
(7) - A ..., flog er nach Australien.
(8) - I ..., zog sie in eine Wohngemeinschaft.
(9) - F ..., rief er den Großvater an.

연습문제 5

(1) Können Sie mir sagen, wann der nächste Zug nach Heidelberg fährt?
(2) Wissen Sie, wie lange man nach Heidelberg fährt?
(3) Können Sie mir sagen, wie groß Heidelberg ist?
(4) Wissen Sie, was es in Heidelberg zu sehen gibt?
(5) Können Sie mir sagen, ob man dort gut essen gehen kann?
(6) Wissen Sie, ob es in Heidelberg eine Universität gibt?
(7) Können Sie mir sagen, wie groß die Universität ist?
(8) Wissen Sie, ob es eine gute Universität ist?
(9) Können Sie mir sagen, was man abends in Heidelberg machen kann?
(10) Wissen Sie, wann der nächste Zug zurückfährt?

연습문제 6

(1) ob / dass / Wenn (2) damit / Weil

연습문제 7

(1) als / nachdem (2) bevor
(3) während (4) obwohl

연습문제 8

(1) Um morgens munter zu sein, muss man früh ins Bett gehen.
(2) Um die Professoren kennen zu lernen, muss man in die Sprechstunde gehen.
(3) Um die Mitstudenten kennen zu lernen, muss man viel Gruppenarbeit machen.
(4) Um am Wochenende nicht allein zu sein, muss man Leute einladen.
(5) Um die Kurse zu bekommen, die man will, muss man sich so früh wie möglich einschreiben.
(6) Um in vier Jahren fertig zu werden, muss man viel lernen und wenig Feste

feiern.

(7) Um nicht zu verhungern, muss man regelmäßig essen.

(8) Um einen Freund/eine Freundin zu finden, muss man Deutsch belegen.

(9) Um eine gute Note in Deutsch zu bekommen, muss man jeden Tag zum Unterricht kommen.

(10) Um nicht ins Sprachlabors gehen zu müssen, muss man sich Kassetten kaufen oder ausleihen.

연습문제 9

(1) Ich möchte immer hier leben, weil dieses Land das beste Land der Welt ist.

(2) Ich möchte für ein paar Jahre in Deutschland leben, um richtig gut Deutsch zu lernen.

(3) Ausländer haben oft Probleme, weil sie die Sprache und Kultur des Gastlandes nicht verstehen.

(4) Wenn ich Kinder habe, möchte ich hier leben, damit meine Kinder als (Amerikaner, Kanadier usw.) aufwachsen.

(5) Viele Ausländer kommen hierher, weil man hier gut Geld verdienen kann.

(6) Englisch sollte die einzige offizielle Sprache (der USA, Kanadas usw.) sein, damit eine homogene Gemeinschaft aus der multikulturellen Bevölkerung wird.

연습문제 10

(1) - C　(2) - E　(3) - A

(4) - B　(5) - D

연습문제 11

(1) und　(2) aber

(3) oder　(4) denn

(5) sowohl ... als auch　(6) weder ... noch

연습문제 12

(1) - C　(2) - B

(3) - D　(4) - A

연습문제 13

(1) trotzdem　(2) sonst

(3) darum/deshalb
(4) sonst
(5) deshalb/darum
(6) dann

연습문제 14

(1) Ich freue mich, weil ich heute nicht arbeiten muss.
(2) Kannst du mich anrufen, wenn du zu Hause bist?
(3) Dort ist die Frau, die mich mitgenommen hat.
(4) Das ist sehr einfach, wenn du gut aufpasst.
(5) Ich weiß nicht, ob ich dich später anrufen kann.

연습문제 15

(1) 가능
(2) 불가능
(3) 가능
(4) 가능
(5) 불가능

연습문제 16

(1) - C
(2) - D
(3) - A
(4) - B

연습문제 17

(1) Ich fahre nach Berlin, wenn ich Urlaub bekomme.
(2) Wenn ich in Berlin bin, gehe ich zum Posdamer Platz.
(3) Wenn das Wetter schlecht ist, gehe ich in ein Museum.
(4) Wenn ich Zeit habe, koche ich am Abend für Emma und Leon.

연습문제 18

(1) Als
(2) wenn
(3) wenn
(4) als

연습문제 19

(1) Seit
(2) bis
(3) nachdem
(4) bevor

연습문제 20

(1) Als
(2) Seit
(3) wenn
(4) Als
(5) bevor
(6) Während (Nachdem)
(7) Als (Nachdem)

연습문제 21

(1) Da/Weil die S-Bahn am Freitagmorgen einen Unfall hatte, bin ich zu spät zum Flughafen gekommen.
(2) Da/Weil ich nicht aus der S-Bahn aussteigen konnte, habe ich den Flug nach Frankfurt verpasst.
(3) Da/Weil ich ein Vorstellungsgespräch in Frankfurt um 9 Uhr verpasst habe, war ich sehr wütend.
(4) Da/Weil die Reise nach Frankfurt für mich sinnlos (geworden) war, habe ich das Geld für das Ticket zurückgefordert.

연습문제 22

(1) Obwohl ich viel Arbeit hatte, bin ich letztes Wochenende weggefahren.
(2) Obwohl ich ein teures Hotel gebucht habe/hatte, hatte ich ein kleines Zimmer.
(3) (Und) Obwohl ich wenig Zeit hatte, habe ich ein Museum besucht.
(4) Obwohl ich nicht viel Geld hatte/habe, bin ich in ein gutes Restaurant gegangen.
(5) Obwohl das Wetter schlecht war, war es ein schönes Wochenende.

연습문제 23

(1) - C
(2) - A
(3) - D
(4) - B

연습문제 24

(1) Jonas hat einen Radiowecker gekauft, um nicht mehr zu verschlafen.
(2) Laura geht in Jonas' Zimmer, um Jonas zu wecken.
(3) Jonas steht auf, um zu frühstücken.
(4) Laura geht in die Stadt, um einen zweiten Wecker für Jonas zu kaufen.

연습문제 25

(1) Jonas braucht keinen Wecker, um früh aufzustehen.

(2) Er muss jeden Tag früh aufstehen, um mit Toby spazieren.

(3) Toby sitzt jeden Morgen neben Jonas' Bett und zieht an der Decke, damit Jonas aufwacht.

(4) Manchmal muss Jonas kalt duschen, um richtig wach zu werden.

연습문제 26

(1) Stehen Sie sofort auf, so dass Sie nicht wieder einschlafen können.

(2) Stellen Sie den Wecker so weit weg vom Bett, dass Sie aufstehen müssen.

(3) Stellen Sie eine Flasche Wasser neben das Bett, sodass Sie morgens gleich einen Schluck trinken können.

(4) Stehen Sie regelmäßig früh auf, sodass Sie sich ans Aufstehen gewöhnen.

연습문제 27

(1) um ... zu
(2) damit
(3) dass
(4) damit (so dass)

연습문제 28

(1) - D
(2) - A
(3) - B
(4) - C

연습문제 29

(1) länger / schöner
(2) älter / öfter
(3) länger / besser
(4) weniger / ruhiger

연습문제 30

(1) Je später Sofia abends ins Bett geht, desto schwerer ist das Aufstehen für sie.

(2) Je öfter der Wecker klingelt, desto wütender wird Sofia.

(3) Je länger es morgens dunkel ist, desto lieber bleibt Sofia im Bett liegen.

(4) Je eiliger Sofia es hat, desto langsamer fährt die Straßenbahn.

연습문제 31

(1) ob
(2) dass

(3) bis

(4) der

(5) Wenn

(6) denen

(7) ob

(8) ob

(9) bevor

(10) bis

연습문제 32

(1) Ich fahre nicht gern Auto, weil man oft im Stau steht.

(2) Sie sagt, dass sie gern mit dem Zug fährt.

(3) Sie ist früh aufgestanden, trozdem hat sie den Zug verpasst.

(4) Er spricht viel Deutsch, seit er in Berlin ist.

(5) Wir gehen heute sowohl ins Kino als auch indisch essen.

(6) Er kauft ein Handy, damit er seinen Freunden in Korea SMS schicken kann.

(7) Mit diesem Handy kann man nicht nur telefonieren sondern auch Fotos machen.

(8) Ich gehe ins Internet, um die Wettervorhersage anzusehen.

(9) Je länger ich auf dich warte, desto mehr Sorgen mache ich mir.

(10) Er hat noch einen wichtigen Termin, dann ruft er Sie an.

연습문제 33

(1) Ich habe jetzt keine Zeit, deswegen rufe ich dich morgen zurück. /
Ich rufe dich morgen zurück, denn ich habe jetzt keine Zeit. /
Weil ich jetzt keine Zeit habe, rufe ich dich morgen zurück.

(2) Seit ich hier warte, ist niemand gekommen

(3) Ich warte hier, bis jemand kommt.

(4) Ich bin müde und (ich bin) durstig. /
Ich bin sowohl müde als auch durstig.

(5) Ich habe wenig Zeit aber ich komme mit. /
Ich komme mit, obwohl ich wenig Zeit habe. /
Ich habe wenig Zeit, trotzdem komme ich mit.

연습문제 34

(1) Ich habe nur wenig Zeit, trotzdem komme ich zu deiner Feier. /
Ich habe nur wenig Zeit, aber ich komme zu deiner Feier.

(2) Kann ich Sie fragen/Wissen Sie/Können Sie mir sagen, ob es hier eine Toilette gibt?

(3) Ich kann heute nicht kommen, denn ich bin krank. /
Ich bin krank, deshalb/deswegen kann ich heute nicht kommen.

(4) Ich stelle mir zwei Wecker, sodass ich nicht verschlafe. /
Ich stelle mir zwei Wecker, um nicht zu verschlafen.

(5) Ich schicke Ihnen die Informationen, da/weil Sie Interesse daran hatten. /
Ich schicke Ihnen die Informationen, denn Sie hatten Interesse daran.
Ich schicke Ihnen die Informationen, an denen Sie Interesse hatten.

16 관계절과 관계대명사

연습문제 1

(1) Ich mag Leute, die laut lachen.

(2) Ich mag keine Leute, die viel sprechen.

(3) Ich mag eine Stadt, die Spaß macht.

(4) Ich mag keine Stadt, die langweilig ist.

(5) Ich mag einen Mann, der gern verreist.

(6) Ich mag keinen Mann, der interessant aussieht.

(7) Ich mag eine Frau, die nett ist.

(8) Ich mag keine Frau, die betrunken ist.

(9) Ich mag einen Urlaub, der exotisch ist.

(10) Ich mag ein Auto, das schnell fährt.

연습문제 2

(1) Europa → Wie heißt der Kontinent, der eigentlich eine Halbinsel von Asien ist?

(2) Mississippi → Wie heißt der Fluss, von dem Mark Twain erzählt?

(3) San Francisco → Wie heißt die Stadt, die an einer Bucht liegt?

(4) die Alpen → Wie heißt die Berge, in denen man sehr gut Ski fahren kann?

(5) Washington → Wie heißt der Staat in den USA, dem ein Präsident seinen Namen gegeben hat?

(6) das Tal des Todes → Wie heißt das Tal, in dem es sehr heiß ist?

(7) Ellis → Wie heißt die Insel, die man von New York sieht?

(8) der Pazifik → Wie heißt das Meer, über das man nach Hawaii fliegt?

(9) die Sahara → Wie heißt die Wüste, die man aus vielen Filmen kennt?

(10) der Goße Salzsee → Wie heißt der See in Utah, auf dem man segeln kann?

연습문제 3

(1) das
(2) die
(3) der
(4) das
(5) den

연습문제 4

(1) dem
(2) dem
(3) die
(4) dem
(5) wo

연습문제 5

(1) der
(2) die
(3) der (den)
(4) der
(5) die

연습문제 6

(1) der
(2) den
(3) die
(4) was
(5) denen

연습문제 7

(1) Wie heißt das Mädchen, das wir kennengelernt haben?
(2) Liest du die Zeitung, die auf dem Tisch liegt?
(3) Kennst du den Herrn, den wir getroffen haben?
(4) Heute kam der Junge, der uns damals geholfen hatte.
(5) Kennst du die Leute, die dort spazierengehen?
(6) Wo sind die Blumen, die ich gekauft habe?
(7) Dort sitzt der Tourist, welchem du das Essen bringen sollst.
(8) Kennst du meine Geschwister, bei welchen ich wohne?
(9) Die Leiter, auf welcher er steht, ist kaputt.
(10) Hier ist das Auto, mit welchem wir spazieren fahren.
(11) Der Stuhl, auf welchem du sitzt, ist alt.

연습문제 8

(1) Wer
(2) Was
(3) Wer
(4) Was
(5) Wer

연습문제 9

(1) was
(2) wo
(3) wo
(4) was
(5) was
(6) was
(7) wo
(8) was

연습문제 10

(1) Der Stuhl, worauf du sitzt, ist eine Rarität.
(2) Wir besuchen das Haus, worin Goethe geboren wurde.
(3) Ist das das Spielzeug, womit sie sich so amüsiert?
(4) Dort ist die Kirche, wonach er fragte.
(5) Sind das die Bücher, wofür du dich interessierst?
(6) Wo ist der Brief, worauf er wartet?
(7) Das Problem, worüber ihr sprecht, ist schwer.
(8) Wo ist die Ruine, wovon er erzählt?

17 미래형

연습문제 1

(1) Ich werde weniger fernsehen.
(2) Ich werde mehr lernen.
(3) Ich werde weniger oft ins Kino gehen.
(4) Ich werde früher ins Bett gehen.
(5) Ich werde mehr arbeiten.
(6) Ich werde öfter selbst kochen.
(7) Ich werde gesünder essen.
(8) Ich werde mehr Kurse belegen.

연습문제 2 (예시)

Dieses Jahr werden die Bayern München den DFB-Pokal gewinnen.
Nächstes Jahr werden wir einen republikanischen Gouverneur wählen.

연습문제 3

(1) Wirst du telefonieren?
(2) Die Leute werden es nicht glauben.
(3) Ich werde die Rechnung bezahlen.
(4) Er wird es lesen.
(5) Werdet ihr uns helfen?
(6) Die Kinder werden den Brief schreiben.
(7) Wirst du den Mantel kaufen.
(8) Was werdet ihr bestellen?
(9) Warum wird er nicht kommen?
(10) Ich werde es nicht vergessen.

연습문제 4

(1) Wir werden das Auto bringen.
(2) Ich werde nach Berlin fahren.
(3) Wirst du kommen?
(4) Er wird das Gedicht schreiben.
(5) Werdet ihr euren Eltern das Haus zeigen?
(6) Sie werden arbeiten.
(7) Ich werde bei Clara essen.
(8) Wirst du es kaufen?

연습문제 5

(1) Sie wird vielleicht krank sein.
(2) Wir werden wohl kommen.
(3) Sie werden vielleicht weinen.
(4) Kinder, ihr werdet wohl Hunger haben.
(5) Paul, du wirst es wohl wissen.
(6) Ich werde wohl gehen.

(7) Er wird wohl arbeiten.

(8) Sie werden vielleicht helfen.

18 수동형

연습문제 1

(1) Die Fenster werden geputzt.

(2) Das Silber wird poliert.

(3) Die Lampen werden abgestaubt.

(4) Die Fußböden werden aufgewischt.

(5) Die Schränke werden aufgeräumt.

(6) Die Gardinen werden gewaschen.

(7) Die Sessel werden gereinigt.

(8) Der Hof wird gefegt.

(9) Die Teppiche werden Staub gesaugt.

연습문제 2

(1) Wann wurde Australien von den Aborigines besiedelt?

(2) Wann wurden die ersten Pyramiden gebaut?

(3) Wann wurde Cäsar ermordet?

(4) Wann wurde Karl der Große zum Kaiser gekrönt?

(5) Wann wurde die erste Universität (Bologna) gegründet?

(6) Wann wurde die amerikanische Verfassung unterschrieben?

(7) Wann wurde in Kanada die transkontinentale Eisenbahn vollendet?

(8) Wann wurden die Atombomben auf Hisroshima und Nagasaki geworfen?

(9) Wann wurde John F. Kennedy erschossen?

(10) Wann wurde Deutschland vereinigt?

연습문제 3

(1) Womit wurden früher die Häuser geheizt?

(2) Von wem wurde Amerika entdeckt?

(3) Wo wurde zum ersten Mal ein Film öffentlich gezeigt?

(4) Wann wurde das elektrische Licht erfunden?
(5) Wer wurde von Charles Darwim nach England gebracht?
(6) In welcher Stadt wurde die Titanic gebaut?

연습문제 4

(1) An Weihnachten schmückt man einen Tannenbaum.
(2) Man legt die Geschenke unter den Baum.
(3) Dann zündet man die Lichter am Baum an.
(4) In vielen Familien singt man auch Weihnachtslieder.
(5) Dann kann man endlich die Geschenke auspacken.

연습문제 5

(1) Er lässt sich die Haare schneiden.
(2) Sie lässt sich untersuchen.
(3) Sie lässt die Wäsche bügeln.
(4) Sie lässt ihn nicht installieren.
(5) Es lässt sich nicht mehr reparieren.
(6) Das lässt sich nicht ändern.
(7) Das lässt sich nicht sagen.

연습문제 6

(1) - D (2) - C (3) - A (4) - B

연습문제 7

(1) Hier arbeitet man auch samstags.
(2) In diesem Atelier kann man dem Künstler bei der Arbeit zusehen.
(3) Dort kann man das Gepäck abgeben.
(4) Hier spricht man englisch, deutsch und spanisch.
(5) Mit diesem Gerät kann man ganz einfach Gemüse hacken.

연습문제 8

(1) wird / durch / gerettet. (2) wird / serviert.
(3) wird / vom / geholfen. (4) wird / von / geschrieben.

(5) wird / von / gewaschen. (6) wird / von / gegraben.
(7) wird / durch / zerstört.

연습문제 9

(1) Das Kind wird von dem Hund gebissen.
(2) Das Haus wird durch das Feuer zerstört.
(3) Der Kaffee wird von meinen Freunden getrunken.

연습문제 10

(1) Die Rechnung wurde von Amelie bezahlt.
(2) Wurdest du beobachtet?
(3) Das Auto wurde geparkt.
(4) Es wurde schon von den Leuten gemacht.

연습문제 11

(1) Er wurde gesehen.
(2) Das Fenster wurde von Johanna geöffnet.
(3) Sie wurden von ihrem Vater gefragt.
(4) Sie wurde gehört.
(5) Es wurde von meiner Tante gewaschen.
(6) Es wird gefunden.
(7) Es wurde zerstört.
(8) Es wurde gezeigt.
(9) Es wurde gerettet.
(10) Es wird repariert.
(11) Es wird begonnen.
(12) Es wird geschnitten werden.

연습문제 12

(1) Das Museum ist 1911 erbaut worden.
(2) Der Löwe ist vom Wärter gefüttert worden.
(3) Es ist ihr darüber erzählt worden.
(4) Das Kleid ist rot gefärbt worden.

(5) Es ist ihm gegeben worden.
(6) Du bist überall gesucht worden.
(7) Ich bin von ihm gesehen worden.

연습문제 13

(1) Man zerstört die Ruine.
(2) Man ruft uns an.
(3) Man bestellt das Essen.
(4) Man erzählte die Geschichte.
(5) Man holte den Doktor.
(6) Man schickte den Katalog.
(7) Man hat das Bild verkauft.
(8) Man hat den Mann angerufen.

연습문제 14

(1) In einer Kneipe wird viel getrunken.
(2) In einer Küche wird Essen gekocht.
(3) In einer Bibliothek werden Bücher ausgeliehen.
(4) Auf einem Fußballplatz wird Fußball gespielt.

연습문제 15

(1) Die Gläser müssen geholt werden.
(2) Der Rest darf gegessen werden.
(3) Die Tür soll aufgemacht werden.
(4) Die Kerzen müssen ausgemacht werden.
(5) Der Müll soll rausgebracht werden.

19 접속법

연습문제 1

(1) Wo würdest du übernachten? Ich würde bei Freunden übernachten.
(2) Welche Stadt würdest du zuerst besuchen? Ich würde zuerst nach Berlin fahren.

(3) Wohin würdest du zuerst gehen? Ich würde zuerst ins Museum gehen.

(4) Wo würdest du essen? Ich würde bei meinen Freunden essen.

(5) Was würdest du am Abend machen? Ich würde am Abend ins Kino gehen.

(6) Was würdest du kaufen? Ich würde ein Stück der Berliner Mauer kaufen.

(7) Wem würdest du Postkarten schreiben? Ich würde allen meinen Freunden Postkarten schreiben.

(8) Wie lange würdest du bleiben? Ich würde ein Jahr bleiben.

연습문제 2

(1) Müsstest du nicht noch tanken?

(2) Sollten wir nicht Alex abholen?

(3) Könnten zwei Freunde von mir auch mitfahren?

(4) Sollten wir nicht zuerst in die Stadt fahren?

(5) Wolltest du nicht zur Bank?

(6) Könntest du etwas langsamer fahren?

(7) Dürfte ich das Autoradio anmachen?

(8) Dürfte ich das Fenster aufmachen?

연습문제 3

(1) wenn du mehr Zeit hätttest.

(2) wenn Sie uns besuchen (würden).

(3) wenn du kommen könntest.

(4) wenn ihr uns helfen würdet.

(5) wenn du das für mich machen würdest.

연습문제 4

(1) - E: ... Wenn ich jetzt eine Woche Ferien hätte, würde ich bestimmt nicht lernen.

(1) - A: .., würde ich mit dem Hund spazieren gehen.

(1) - J: .., müsste ich nicht viel arbeiten.

(2) - F: Wenn ich noch mal 10 Jahre alt wäre, müsste ich jeden Tag in die Schule gehen.

(3) - D: Wenn ich sehr gut singen könnte, würde ich viele CDs produzieren.

(3) - B: .., würde ich viele andere Staaten besuchen.

(4) - H: Wenn Jan sehr viel Geld hätte, würde er ein großes Haus am Meer kaufen.

(4) - J: .., müsste er nicht viel arbeiten.

(4) - A: .., würde er eine lange, große Reise machen.

(4) - B: .., würde er viele andere Staaten besuchen.

(5) - B: Wenn Clara in ihrem Land Präsidentin wäre, würde sie viele andere Staaten besuchen.

(6) - C: Wenn Katzen sprechen könnten, würden sie von ihren Abenteuren erzählen.

(6) - G: .., würden wir mehr über sie wissen.

연습문제 5

(1) - C (2) - E (3) - A (4) - B (5) - D

연습문제 6

(1) Wenn mir die Kinder doch helfen würden!

(2) Wenn Lukas nur da wäre!

(3) Wenn meine Mutter das doch sehen könnte!

(4) Wenn ich doch Geld bei mir hätte!

(5) Wenn ich doch bei diesem Fest wäre!

연습문제 7

(1) Aber sie wäre lieber Model.

(2) Aber er würde lieber mehr verdienen.

(3) Aber sie hätten lieber Kinder.

(4) Aber er würde lieber in der Firma arbeiten.

(5) Aber sie würde lieber reisen.

연습문제 8

(1) Marie tut (so), als ob sie kein Geld hätte.

(2) Jakob tut (so), als ob er 30 wäre.

(3) Lena tut (so), als ob sie alles wüsste/wissen würde.

(4) Luisa tut (so), als ob sie allein wohnen würde.

연습문제 9

(1) Könntest du mir bitte einen Stift geben?

(2) Könnten Sie bitte das Fenster schließen?

(3) Könntet ihr mir bitte helfen, es ist so schwer.

(4) Könnte ich mal kurz telefonieren.

(5) Könnten Sie mir sagen, wie spät es ist?

(6) Könnte ich einen Kaffee haben/bekommen, bitte.

연습문제 10

(1) Ich hätte gern mehr Brot. / Könnte ich bitte mehr Brot haben?

(2) Ich wüsste gern, wie spät es ist. / Könnten Sie mir sagen, wie spät es ist?

(3) Ich hätte gern ein Glas Wasser. / Könnte ich ein Glas Wasser haben?

(4) Könnten Sie mir den Weg zum Bahnhof zeigen/erklären?.

연습문제 11

(1) würde (2) sollten

(3) solltest (4) wäre

(5) solltet (6) würde

연습문제 12

(1) Du solltest viel Tee trinken.

(2) Sie sollten öfter das Fenster aufmachen.

(3) Ihr solltet auf die "Schloss" gehen.

(4) Sie sollten unbedingt hingehen.

(5) Du solltest dort keinen Kuchen essen.

연습문제 13

(1) Wenn Noah viel Geld hätte, würde er eine Weltreise machen.

(2) Wenn Marie ein Auto hätte, würde sie in die Berge fahren.

(3) Wenn Herr Becker Urlaub hätte, würde er mehr Bücher lesen.

(4) Wenn Frau Naumann mehr Zeit hätte, würde sie öfter ins Kino gehen.

(5) Wenn Herr und Frau Schneider weniger Arbeit hätten, würden sie mehr miteinander reden.

연습문제 14

(1) sie
(2) sie / ihnen
(3) sie / ihnen
(4) sie / ihr

20 재귀동사

연습문제 1

(1) fühle mich / mich erkältet / dich ... legen.
(2) sich ... aufgeregt / sich ... ausruhen
(3) dich verletzt / mich ... geschnitten
(4) ärgerst ... dich / dich freuen

연습문제 2

Erst stehe ich auf. Dann dusche ich mich. Dann wasche ich mir das Gesicht. Dann wasche ich mir die Haare. Dann trockne ich mich ab. Dann putze ich mir die Fingernägel. Dann rasiere ich mich. Dann kämme ich mir die Haare. Dann ziehe ich mich an. Dann frühstücke ich. Dann putze ich mir die Zähne und gehe zur Uni.

연습문제 3

(1) Ich rasiere mich jeden Morgen.
(2) Meine Oma schminkt sich zu sehr.
(3) Mein Freund wäscht sich nicht oft genug die Haare.
(4) Mein Vater putzt sich nach jeder Mahlzeit die Zähne.
(5) Mein Onkel zieht sich immer verrückt an.
(6) Meine Schwester duscht sich jeden Tag.
(7) Meine Freundin kämmt sich nie.
(8) Mein Bruder fönt sich nie die Haare.
(9) Meine Kusine badet sich nicht gern.
(10) Meine Mutter zieht sich immer elegant an.

연습문제 4

(1) sich
(2) mich
(3) euch
(4) sich
(5) sich
(6) mich

연습문제 5

(1) freuen sich
(2) interessiert sich
(3) erholen uns
(4) unterhalte ... mich
(5) sich ... ausruhen.

연습문제 6

(1) - E
(2) - F
(3) - B
(4) - A
(5) - D
(6) - C

연습문제 7

(1) Zieh dir bitte die Schuhe an!
(2) Ich kann mir die Regel nicht merken./ Die Regel kann ich mir nicht merken.
(3) Gestern habe ich mich in den Finger geschnitten. /
Ich habe mich gestern in den Finger geschnitten.
(4) Freust du dich auch auf das Theaterstück?

연습문제 8

(1) dich
(2) mir
(3) dich
(4) mich
(5) dich
(6) mich
(7) mich
(8) dir

연습문제 9

(1) uns
(2) mir
(3) sich
(4) mich
(5) sich
(6) mir
(7) mir
(8) mich

연습문제 10

(1) uns (einander)
(2) sich (einander)
(3) sich (einander)
(4) sich (einander)
(5) sich (einander)

연습문제 11

(1) sich
(2) uns
(3) mich
(4) sich
(5) dich
(6) euch
(7) sich
(8) dir
(9) mir
(10) sich
(11) uns
(12) euch

연습문제 12

(1) Sie entscheidet/entscheiden sich morgen.

(2) Er schreibt sich heute an der Uni ein.

(3) Wir treffen uns am Wochenende.

(4) Ich ziehe mich in zehn Minuten um.

(5) Ihr regt euch gleich auf.

연습문제 13

(1) habe ... informiert

(2) habe ... beworben.

(3) habe ... gefreut.

(4) habe ... erholt.

(5) habe ... erkundigt.

21 문장어순

연습문제 1

(1) (Julian) nach

(2) (er) vor

(3) (Seine Großmutter) nach

(4) (Julian) vor

(5) (er) vor

(6) (er) vor

(7) (er) vor

(8) (Er) nach

연습문제 2

(1) Ich studiere ______________.

(2) Im Moment wohne ich in ________________.

(3) Heute koche ich __________________.

(4) Manchmal trinke ich ______________.

(5) Ich spiele gern __________________.

(6) Mein Freund (Meine Freundin) heißt ____________.

(7) Jetzt wohnt er (sie) in _____________.

(8) Manchmal spielen wir ________________.

연습문제 3

(1) auf (2) auf (3) ein (4) an (5) aus

(6) ab (7) ein (8) aus (9) auf

연습문제 4

(1) Wann bist du geboren?

(2) Woher kommst du?

(3) Wo wohnst du?

(4) Welche Augenfarbe hast du?

(5) Wie groß bist du?

(6) Studierst du?

(7) Welche Fächer studierst su?

(8) Wie viele Stunden arbeitest du?

(9) Was machst du gern?

연습문제 5

(1) Wie heißt du?

(2) Kommst du aus München?

(3) Woher kommst du?

(4) Was studierst du?

(5) Wie heißt dein Freund?

(6) Wo wohnt er?

(7) Spielst du Tennis?

(8) Tanzt du gern?

(9) Trinkst du Bier?

(10) Trinkt Ben gern Bier?

연습문제 6

(1) Weil ich krank bin.

(2) Weil er müde ist.

(3) Wei wir Hunger haben.

(4) Weil sie keine Zeit hat.

(5) Weil sie Langweile hat.

(6) Weil ich traurig bin.

(7) Weil ich Durst habe.

(8) Weil ich Angst habe.

(9) Weil er glücklich ist.

(10) Weil ich lernen muss.

연습문제 7

(1) s1: Was macht Alex, wenn er müde ist?
s2: Wenn Alex müde ist, geht er nach Hause.
s1: Und du?
s2: Wenn ich müde bin, ----------

(2) s1: Was macht Leonie, wenn sie glücklich ist?
s2: Wenn Leonie glücklich ist, trifft sie Maximilian.

s1: Und du?
s2: Wenn ich glücklich bin, --------

(3) s1: Was macht Herr Becker, wenn er Durst hat?
s2: Wenn Herr Becker Durst hat, trinkt er eine Cola.
s1: Und du?
s2: Wenn ich Durst habe, ---------

(4) s1: Was macht Frau Weber, wenn sie in Eile ist?
s2: Wenn Frau Weber in Eile ist, fährt sie mit dem Taxi.
s1: Und du?
s2: Wenn ich in Eile bin, ---------

(5) s1: Was macht Lilly, wenn sie Hunger hat?
s2: Wenn Lilly Hunger hat, kauft sie einen Hamburger.
s1: Und du?
s2: Wenn ich Hunger habe, --------

(6) s1: Was macht Frau Schneider, wenn sie Ferien hat?
s2: Wenn Frau Schneider Ferien hat, fliegt sie nach Deutschland.
s1: Und du?
s2: Wenn ich Ferien habe, ---------

(7) s1: Was macht Henry, wenn er Angst hat?
s2: Wenn Henry Angst hat, ruft er "Mama, Mama"
s1: Und du?
s2: Wenn ich Angst habe, ------

(8) s1: Was macht Felix, wenn er krank ist?
s2: Wenn Felix krank ist, geht er zum Arzt.
s1: Und du?
s2: Wenn ich krank bin, --------

연습문제 8

(1) Julian ist wütend, weil er immer so früh aufstehen muss.

(2) Sofia ist froh, weil sie heute nicht arbeiten muss.

(3) Clara ist in Eile, weil sie noch einkaufen muss.

(4) Lukas ist traurig, weil Marie ihn nicht anruft.

(5) Philipp geht nicht zu Fuß, weil seine Freundin ihn zur Uni mitnimmt,

(6) Ben hat selten Langeweile, weil er immer fernsieht.

(7) Marie hat Angst vor Wasser, weil sie nicht schwimmen kann.

(8) Mustafa fährt in die Türkei, weil er seine Eltern besuchen will.

연습문제 9

(1) Ich bin heute Abend in der Bibliothek.
(2) Ich bin am Nachmittag in der Mensa.
(3) Ich bin um 16 Uhr bei Freunden.
(4) Ich bin in der Nacht im Bett.
(5) Ich bin am frühen Morgen am Frühstückstisch.
(6) Ich bin am Montag in der Klasse.
(7) Ich bin am 1. August im Urlaub.
(8) Ich bin an Weihnachten auf einer Party.
(9) Ich bin im Winter bei meinen Eltern.
(10) Ich bin am Wochenende auf einer Party.

연습문제 10

(1) Ja, kannst du es mir geben?/Nein, ich brauche es nicht.
(2) Ja, kannst du ihn mir geben?/Nein ich brauche ihn nicht.
(3) Ja, kannst du ihn mir geben?/Nein, ich brauche ihn nicht.
(4) Ja, kannst du sie mir geben?/Nein, ich brauche sie nicht.
(5) Ja, kannst du es mir geben?/Nein, ich brauche es nicht.
(6) Ja, kannst du ihn mir geben?/Nein, ich brauche ihn nicht.
(7) Ja, kannst du sie mir geben?/Nein, ich brauche sie nicht.
(8) Ja, kannst du es mir geben?/Nein, ich brauche es nicht.
(9) Ja, kannst du ihn mir geben?/Nein ich brauche ihn nicht.

연습문제 11

(1) Warum schneidest du ihn dir nicht?
(2) Warum wäschst du sie dir nicht?
(3) Warum schneidest du sie dir nicht?
(4) Warum kremst du sie dir nicht ein?
(5) Warum fönst du sie dir nicht?
(6) Warum wäschst du ihn dir nicht?
(7) Warum putzt du sie dir nicht?
(8) Warum lässt du sie dir nicht schneiden?
(9) Warum kremst du es dir nicht ein?
(10) Warum wäschst du sie dir nicht?

연습문제 12

(1) Amelie macht eine Party.

(2) Sie lädt ihre Freunde ein.

(3) Die Gäste bringen ihr Blumen.

(3) Amelie wohnt in einem alten Haus.

(4) Sie zeigt es ihnen.

연습문제 13

(1) Das machen wir nicht gerne./Wir machen das nicht gerne.

(2) Der Koffer ist nicht hier oben./Hier oben ist der Koffer nicht.

(3) Sie werden morgen nicht kommen./Morgen werden sie nicht kommen.

(4) Er kann nachmittags nicht schlafen./Nachmittags kann er nicht schlafen.

(5) Sie hat früher nicht in Paris gewohnt./In Paris hat sie früher nicht gewohnt.

(6) Da vorne kannst du nicht links fahren./Du kannst da vorne nicht links fahren.

연습문제 14

(1) Wir müssen uns bald wiedersehen.

(2) Morgen geht sie zur Post.

(3) Ich rufe dich später an.

(4) Diese Woche ist er abends zu Hause.

(5) Heute komme ich später nach Hause.

연습문제 15

(1) Ich gehe heute nicht arbeiten.

(2) Es regnet nicht.

(3) Er hat keine Katze.

(4) Das Wetter ist nicht schön.

(5) Ich habe keinen Durst.

연습문제 16

(1) Nein, ich komme nicht mit.

(2) Nein, ich mag heute nicht joggen./ Nein, heute mag ich nicht joggen./ Nein, ich mag nicht joggen heute.

(3) Nein, ich konnte nicht schlafen.

(4) Nein, nicht ich habe heute einen Vortrag, sondern mein Kollege.

연습문제 17

(1) Niemand hat es gesehen.

(2) Ich habe dir nichts mitgebracht.

(3) Dieses Buch findet man nirgends.

(4) Sie hat nichts organisiert.

연습문제 18

(1) Nein, ich kenne leider niemand, der sich gut mit DVD-Rekordern auskennt.

(2) Nein, ich habe am Wochenende gar nicht (viel) gearbeitet.

(3) Nein, ich war noch nie in der Wüste.

(4) Nein, da kannst du nichts mehr machen.

(5) Nein, hier kann man nirgends schwimmen (gehen).

(6) Nein, ich kann heute (leider) nicht mehr (zu dir) kommen.

소통 중심의 **독일어 문법** 이해와 활용

1판1쇄 발행 2017년 7월 15일

지은이 소만섭
펴낸이 김진수
펴낸곳 **한국문화사**
등 록 1991년 11월 9일 제2-1276호
주 소 서울특별시 성동구 광나루로 130 서울숲 IT캐슬 1310호
전 화 02-464-7708
팩 스 02-499-0846
이메일 hkm7708@hanmail.net
홈페이지 www.hankookmunhwasa.co.kr

책값은 뒤표지에 있습니다.

ISBN 978-89-6817-512-1 93750

이 도서의 국립중앙도서관 출판예정도서목록(CIP)은 서지정보유통지원시스템 홈페이지(http://seoji.nl.go.kr)와 국가자료공동목록시스템(http://www.nl.go.kr/kolisnet)에서 이용하실 수 있습니다.(CIP제어번호: CIP2017014778)